Maestro de Compasión

PAULO DELMONTE

ISBN-13: 978-1507612187

ISBN-10: 1507612184

ÍNDICE

A Nico, a Nati y a ti

AGRADECIMIENTOS

Estoy profundamente agradecido a quienes han ayudado a hacer realidad este libro: Marizza Rodríguez por su inspiración, apoyo y valiosas contribuciones, y Ana Laura García por sus aportes a la primera versión del texto.

Han sido fundamentales los trabajos de Gabriela Onetto en la corrección de la obra, y de Gonzalo Leal en la creación de la portada de la versión digital.

Finalmente, agradezco especialmente al Dr. Nigel Quiró por haberme permitido conocer y dar a conocer su fascinante historia.

NOTA DEL ESCRITOR

Hace ya algunos años, mi esposa y yo nos encontrábamos en Nueva York, gracias a que unos familiares residentes allí nos habían invitado a pasar unos días con ellos.

La mañana de un martes particularmente frío caminábamos por una de las principales avenidas de Manhattan, en dirección al Museo Metropolitano de Nueva York. A pesar de las bajas temperaturas disfrutábamos la caminata, pues para nosotros recorrer la ciudad a pie era la mejor forma de sentir la ciudad y su gente.

Al llegar a la 24th Street, me llamó la atención un expendedor de diarios que se encontraba en la acera. Era gratuito, y bastaba con levantar la tapa transparente para obtener uno de los periódicos o revistas que se encontraban dentro. Tomé uno y me dispuse a darle una mirada rápida mientras continuábamos con nuestro itinerario. Se trataba del periódico de una organización sin fines de lucro; por lo que vi, estaba dedicada a la difusión de temas relacionados, principalmente, con filosofía. En la contratapa de la publicación, había un cuadro con las conferencias a presentarse ese mes. De inmediato me atrajo una de ellas: era sobre la reencarnación y la daba un afamado experto en la materia. Debo admitir que la temática me interesa mucho; por eso, y a pesar de estar de turista, no dudé en buscar el lugar y la fecha en que se daría dicha conferencia. Para mi asombro —y digamos que casualmente—, la conferencia se llevaría a cabo ese mismo día, y restaban pocos minutos para que diera comienzo. El lugar era en un centro de convenciones en la 33rd Street; esto aumentó mi deseo de asistir, pues estábamos a escasas cuadras del lugar. Allí me dispuse a convencer a mi esposa de presenciar, al menos, los primeros minutos de la conferencia.

Mientras caminábamos y decidíamos si debíamos concurrir, yo argumentaba que debíamos aprovechar la oportunidad, pues el expositor era una verdadera eminencia en el tema. Casi sin notarlo, de pronto ya nos encontrábamos en la puerta del centro de convenciones. Esto contribuyó a que finalmente nos pusiéramos de acuerdo en asistir a la conferencia.

Ingresamos al lugar y fuimos abrazados por la calidez del ambiente climatizado. Sacudimos los pies en el enorme felpudo que se anteponía a una alfombra muy mullida, a fin de liberarnos de los restos de nieve y hielo que transportábamos en la suela del calzado. No fue necesario preguntar dónde se realizaba la conferencia, pues había carteles que indicaban claramente la puerta de ingreso al auditorio.

Al entrar al lugar, notamos que más de la mitad de los asientos de la sala ya se encontraban ocupados. Nos ubicamos lo más cerca que pudimos del estrado porque queríamos ver de cerca al famoso Nigel Quiró. Nos conformábamos con tener una buena visión de una de las pantallas gigantes del circuito cerrado de televisión, que nos mostraría al disertante como si estuviéramos ante él, en la primera fila.

Unos diez minutos más tarde, todos los asientos del auditorio estaban ocupados, y el doctor Quiró ingresó al auditorio recibido por un fuerte aplauso de los que allí aguardábamos.

La conferencia fue por demás apasionante. Tanto mi esposa como yo la disfrutamos enormemente; no solo por la exposición, sino por el carisma del disertante. El doctor Quiró realizó una introducción histórica acerca de la reencarnación, siempre enfocándolo desde el punto de vista de las distintas religiones y filosofías. Luego planteó casos de sus propios pacientes en que se planteaba la evidencia de recuerdos de vidas pasadas. Finalmente aludió a que muchas enfermedades pueden tener raíces en sucesos remotos, de otras vidas, y que también pueden manifestarse debido a situaciones no resueltas en el plano psicológico, emocional o espiritual. Esa parte de la conferencia me pareció una de las más interesantes porque Nigel Quiró, por ser médico, abordó la temática de las enfermedades desde el enfoque más conservador, para luego desarrollarla a través de las explicaciones menos aceptadas por sus colegas.

Nos retiramos del lugar entre la muchedumbre que marchaba lenta y ordenadamente por los pasillos hacia la salida. Al llegar a pocos pasos de la puerta que nos separaba de la fría atmósfera neoyorquina, una señora de vestimenta formal y muy sobria se nos acercó. Se presentó y nos dijo que era una de las asistentes del doctor Quiró. Nos preguntó si deseábamos conocerlo personalmente, pues se encontraba en una de las salas contiguas, saludando y autografiando libros de su autoría. Sin dudarlo, le contestamos que nos encantaría; ella, entonces, solicitó que la acompañáramos. Mi esposa me miró con un gesto de incredulidad, al que respondí con una poco creativa mueca de asombro.

Pasamos por una puerta de los laterales del pasillo y nos encontramos con un grupo de unas cuarenta personas que se encontraban formadas para acercarse en orden al doctor Quiró. De inmediato nos pusimos en la fila y agradecimos a la dama. Fue en ese momento que me pregunté por qué la señora nos había invitado a conocer personalmente al afamado doctor; se lo atribuí a nuestro evidente aspecto de turistas y al supuesto de que viajamos desde lejos para asistir a la conferencia. Entonces me sentí afortunado, ya que el destino nos había beneficiado enormemente.

Sentí un hormigueo en el estómago cuando nos llegó el turno; al mismo tiempo también un poco avergonzado por no contar con un ejemplar para que su autor lo autografiara. Nos saludó con un afectuoso apretón de manos; el carisma de su sola presencia tan cercana nos impactó gratamente. Le saludé y felicité en inglés, y él me contestó en castellano, con perfecto acento rioplatense, como si se tratara de un compatriota. Eso me dejó sorprendido. Mantuvimos una amable conversación con él durante varios minutos; luego se retiró saludando a todos los que nos encontrábamos allí, con la misma cordialidad con la que nos había recibido.

Al año siguiente, ya de vuelta en casa, nos enteramos que el doctor Quiró viajaría a nuestro país a dar una serie de conferencias, y de inmediato nos reservamos los días para poder asistir al evento.

Fuimos a la primera exposición que daría en Uruguay, que nos pareció excelente. A esa altura, mi esposa y yo habíamos ahondado aún más en la temática de las conferencias, debido al encuentro que el año anterior habíamos tenido con el disertante.

Teníamos planeado saludar al doctor Quiró al final, así que nos dirigimos hacia donde él se encontraba cuando terminó. Para nuestro asombro y a pesar de estar rodeado de gente, al vernos de inmediato nos saludó a la distancia levantando su mano.

Cuando estuvimos suficientemente cerca, se dirigió a nosotros por nuestro nombre de pila; me pregunté aún más asombrado cómo era posible que aquel hombre recordara hasta cómo nos llamábamos.

Ya nos estábamos por alejar del grupo, cuando nos pidió que le aguardáramos. De alguna manera esto nos hizo revivir todo lo que sentimos cuando lo conocimos.

Luego de dialogar con varias de las personas que allí se encontraban, se acercó nuevamente a nosotros y nos habló acerca de un grupo de estudio que se había formado con personas de nuestro país. Nos indicó que se reunirían más tarde, en un parque de descanso de un balneario cercano, para realizar un taller. Preguntó si nos gustaría concurrir, a lo que de inmediato accedimos.

Si las conferencias fueron fascinantes, el adjetivo para calificar el taller que el doctor Quiró brindó sería difícil de encontrar: esta vez llevó la temática a un nivel donde prácticamente podía experimentarse. Realizamos ejercicios de meditación, hipnosis y relajación, entre otros. Al final del taller nos reunimos con todo el grupo para cenar en un espléndido lugar, rodeado de un entorno natural de gran belleza.

Luego de terminada la cena, y antes de retirarnos, nos quedamos hablando a solas con él. Dado mi interés en los mismos temas, conocía bastante bien muchos de los aspectos filosóficos y religiosos que el doctor Quiró manejaba. Eso hizo fascinante nuestra conversación; notoriamente ambos la disfrutamos.

Durante el diálogo le pregunté por qué todavía no había escrito algo sobre la forma en que se había puesto en contacto con todos esos conocimientos (que parecían tener sus bases en religión y filosofía oriental). Dijo que sobre eso debería escribir otra persona, pero no él mismo, como hacía habitualmente con sus libros. En ese momento no tuve ningún reparo en hacerle saber mi interés en llevar a cabo esa labor: sabía que para mí sería una experiencia por demás enriquecedora. No fue necesario explicarle por qué era yo un buen candidato para escribir acerca de su historia; durante la conversación previa, ya le había dado una reseña sobre mi formación, interés y experiencia.

El doctor Quiró quedó observándome por breves momentos. Durante ese tiempo, sentí la extraña sensación de que, de alguna manera, estaba escudriñando mis pensamientos, mis creencias y mis sentimientos. Parecía como si estuviera leyendo una radiografía de mi ser interior.

Luego de esa pausa, argumentó que sería muy difícil para mí asimilar *e incluso creer* si simplemente me narraba su historia. Pero me dijo que tal vez algún día me transmitiría una parte de sus propias vivencias, muchas de ellas desconocidas por el público.

Esto me dejó un poco intrigado, pero bastante desilusionado: durante el diálogo con él, en cierto modo ya estaba saboreando la posibilidad de escribir sobre experiencias que sin duda serían interesantes.

El retiro llegó a su fin, el doctor Quiró continuó con su gira y nosotros volvimos a nuestras tareas habituales sin saber que la historia tendría un vuelco inesperado.

Aquí presento la historia que el tiempo y el destino finalmente me permitieron conocer.

Por último, debo aclarar que algunos nombres de personas y lugares han sido cambiados.

"Quien no malquiere a ser alguno, el amable y compasivo, libre de apegos y egoísmo, ecuánime en la dicha, y en la pena, indulgente
[...]
él es a quien Yo amo".

BHAGAVAD GITA, C12, S13

PREFACIO

Al comienzo me encontré rodeado de oscuridad y silencio; luego comencé a escuchar una voz; momentos más tarde, imágenes claras de lo que esa voz narraba venían a mi mente, como si estuviera observando en persona la situación relatada.

Las primeras palabras que llegaron a mí decían:

Mi viaje comenzó aquella noche, cuando me encontraba visitando lo que a primera vista parecía ser una fortaleza. La edificación estaba conformada por enormes adoquines de piedra gris y coronada con techos dorados y rojos. Me sentí poderosamente atraído hacia aquel edificio. Me dirigí caminando lentamente por la tundra inhóspita que nos separaba. El lugar estaba rodeado de gigantescas montañas nevadas y, a pesar de que no sentía frío, podía percibirse que un viento helado soplaba en el lugar.

No había luna ni sol. Pese a ello, una tenue luminosidad pálida proveniente de la bóveda celeste inundaba el entorno.

A medida que me aproximaba a la enorme puerta de madera, que me separaba del interior de aquella fortaleza, más intenso se hacía el presentimiento de que un gran secreto me sería revelado. Este presentimiento impulsaba mi curiosidad, que iba aumentando de forma casi incontrolable.

Al llegar a los primeros escalones, la enorme puerta comenzó a abrirse lentamente. De pronto, no pude contener más mi ansiedad y apuré el paso para ingresar de una buena vez al lugar. Al momento que crucé la puerta, una profunda sensación de felicidad se adueñó de mí, pero inmediatamente una carcajada grave y gutural resonó, potente, en el lugar. Esa carcajada parecía estar teñida de maldad, de sentimientos oscuros y de ignorancia.

De inmediato me pareció que alguien me tomaba desde atrás por las ropas y me arrancaba con fuerza fuera del lugar. Recorrí con velocidad vertiginosa el camino que había transitado, pero esta vez en sentido opuesto.

Estaba siendo arrastrado por aquella poderosa fuerza y, a pesar de que todo mi ser quería volver a aquel lugar, no podía hacer nada para evitarlo.

Luego comprendí que los secretos que se encontraban detrás de aquella puerta no podían serme revelados, pues aún no estaba preparado para hacer adecuado uso de aquel inmenso poder.

Cuando tuve esta experiencia la desestimé por tratarse de un sueño. Simplemente llamó mi atención por ser muy vívida y extrana.

Por algún motivo, tenía la sensación de que aquella carcajada había provenido de mi interior. Esto me causaba escalofríos pues parecía como si desconociera una parte de mí. Mi aspecto negativo, donde se escondían mis emociones más oscuras.

Desde aquel momento, sin quererlo inicié un viaje que jamás hubiera imaginado, en busca del secreto que me había sido vedado por mis propias limitaciones.

PRIMERA PARTE — CAUSA

EL MAESTRO

Si se concibe de forma correcta, el tiempo es amigo de todos cuantos se hallan en la adversidad, en cualquiera de sus manifestaciones, pues sus laberínticos senderos, entrando y saliendo de las sombras, acaban por ir a parar a la luz, y cuando nos hallamos sumidos en la oscuridad más profunda, podemos estar seguros de que, a partir de entonces, solo nos espera una mayor claridad.

Sir Arthur Bryant (1899—1985), historiador y biógrafo británico.

Las primeras luces de la mañana de un frío día de invierno penetraban por las ventanas de la cabaña de Joseph. Durante la noche, había estado nevando copiosamente; Joseph tuvo que levantarse varias veces para echar leña al fuego de la gran estufa, que servía para calentar su casa de un solo ambiente.

El silencio fue interrumpido por varios golpes en la puerta.

Joseph se dirigió rápidamente a atender el llamado.

—Señor, el maestro quiere verlo urgente —dijo el muchacho que se encontraba parado en el escalón de entrada.

—Gracias, ya salgo para allí —aseguró Joseph.

Rápidamente se puso su largo abrigo de invierno y tomó su bolsa de objetos más preciados (que llevaba consigo a todas partes). La mayor parte de ellos eran elementos para dibujar y escribir, así no perdía oportunidad de plasmar alguna escena que a su juicio valiera la pena, o escribir algún poema que aflorara cuando algo disparaba su inspiración. A menudo, eran los paisajes naturales, las escenas de la vida cotidiana que atraían su atención, y en particular las bellas mujeres con las que se encontraba en las calles de su ciudad. Por su carácter de irremediable enamoradizo, fácilmente podían hacerlo caer en un hechizo de amor.

Salió caminando rápido tras cubrir su cabeza con una capucha que ocultaba su rostro y acomodar su negra cabellera. Tenía unos rizos anchos que llegaban hasta sus hombros; lo mejor era que quedaran dentro de su abrigo para evitar que se humedecieran, en caso de que cayera nieve durante la caminata.

Las calles de Brugge estaban casi desiertas por el frío, solo se veían algunos carros tirados por caballos. El sol brillaba con tenue intensidad sobre los adoquines por los que Joseph transitaba, pero de todos modos el aire frío le punzaba las pocas partes del rostro que quedaban a su merced. Caminó durante algunos minutos y atravesó varios de los pequeños puentes que dan nombre a la ciudad.

Llegó hasta una casa de piedra gris y golpeó a la puerta de madera, pesada y enorme. Poco después se abrió lentamente.

—Buen día, maestro —dijo Joseph mientras descubría su cabeza; desde el celeste de sus ojos, se dejaba adivinar la sensación de frío que cortaba su respiración.

—Buen día, Joseph... ¡por el amor de Dios, pasa pronto antes de que te congeles!

Joseph ingresó a la casa y una sensación de alivio lo envolvió al sentir la cálida temperatura del lugar. Se quitó el abrigo y el manto que delineaba su rostro pálido y lampiño, para luego dirigirse a quien requería su presencia.

—Maestro, he venido lo más rápido que he podido.

—Sí Joseph, lo sé. Te he mandado buscar porque tenemos que apresurarnos en nuestras tareas.

—¿Por qué, maestro, qué sucede?

—Se acercan tiempos difíciles, de mucha oscuridad.

—¿A qué se refiere? —preguntó Joseph, frunciendo el ceño.

—Esta parte del mundo se dispone a ingresar en un momento de mucho dolor. Durante un largo período viviremos sumidos en la oscuridad, en el miedo, en la ignorancia. La gente como nosotros será perseguida... nuestros escritos serán quemados, al igual que nosotros.

—Pero, maestro, lo que describe es terrible.

—Es así, Joseph, quiero que seas consciente de los tiempos que se avecinan.

"También deseo que culminemos tu iniciación antes de que comiencen las persecuciones. No nos queda mucho tiempo, y a mí en particular me queda mucho menos: voy a dejar este cuerpo antes de que ellos lleguen a mí.

—Maestro, me duele mucho lo que dice —confesó Joseph con expresión teñida de tristeza.

—Lamentablemente no nos queda otra opción, debemos seguir adelante por el bien de todos.

—Está bien, como usted diga, maestro —aceptó Joseph con resignación.

Fueron varios meses de trabajo intenso los que le permitieron a Joseph ampliar sus conocimientos y maestría en las artes. Profundizó en temas relacionados con los elementos de la naturaleza, las leyes universales y los grandes misterios.

Le parecía increíble haber alcanzado tal desarrollo teniendo en cuenta sus orígenes. Esto le hacía recordar cómo había conocido a su maestro.

Joseph había nacido en un hogar muy humilde, sus padres trabajaban en las tierras de los señores del lugar. Para alguien como él, hubiera sido imposible acceder a una buena educación.

Cierto día, Joseph y su padre fueron a vender al pueblo parte de la producción de la pequeña huerta que poseían, pues aquel año la cosecha había sido exuberante. Joseph permaneció en el carro mientras su padre ingresaba al almacén donde trocaría algunos de sus productos.

De pronto Joseph sintió que alguien lo observaba. Miró a su alrededor y se encontró con que un hombre —de mirada profunda pero de rostro amable— lo observaba. Cuando notó que su presencia había sido advertida, se acercó hasta Joseph para presentarse.

—Hola, soy Eckhart. ¿Cómo te llamas, pequeño?

—Joseph —contestó tímidamente el niño campesino.

—Dime, Joseph, ¿qué haces aquí en lugar de estar estudiando o jugando?

—Estoy acompañando a mi padre, señor. Debo ayudar en las tareas de la casa —respondió francamente, pues era un niño muy responsable con sus obligaciones.

—Algo me dice que eres un niño muy inteligente, y por eso quiero que tengas este presente que sabrás apreciar.

Joseph tomó el pequeño libro que aquel hombre le entregó luego de sacarlo del bolso que llevaba consigo. De inmediato comenzó a apreciar la belleza de los grabados que presentaban sus hojas.

—¡Muchas gracias, señor! ¡Nunca había visto algo así! —exclamó el maravillado niño con una gran sonrisa y renovado brillo en sus ojos.

—¿Te gustaría hacer dibujos como los de ese libro? —preguntó el extraño, mientras Joseph no dejaba de apreciar con detenimiento las obras que tenía ante sus ojos.

—¡Me encantaría, señor! —repuso prontamente y con mayor brillo en sus ojos.

—¿Qué sucede, Joseph? —interrumpió su padre al volver del almacén.

—Permítame presentarme, señor. Soy Eckhart Guntt, maestro de arte. Estaba conversando con su hijo y parece que a él le interesa el dibujo.

—No tiene tiempo para eso —repuso a secas el padre de Joseph.

—En este momento en mi *atelier* hay una plaza libre para atender a clases de arte. Con gusto podría otorgarle una beca a su hijo. Estoy seguro de que será un excelente pintor si se le da la oportunidad de desarrollar su talento.

Ayudado por la alegría que Joseph mostraba en ese momento, el padre tuvo la claridad suficiente para darse cuenta de que era una oportunidad única para su hijo, y por ello accedió.

—Está bien, pero no quiero que le reste mucho tiempo a su trabajo

—aclaró, para que su hijo no se deslindara por completo de la ayuda que brindaba en su casa.

—No se arrepentirá señor, verá que será muy beneficioso para su hijo y su familia —acotó Eckhart, mientras le daba un fuerte apretón de manos al campesino y era observado por Joseph, que mostraba una gran alegría a través de su sonrisa.

Al día siguiente, Joseph se presentó en el estudio del maestro y comenzó a tomar clases. Con el correr de los años aprendió no solo artes plásticas y literarias: en los últimos tiempos, se dedicó principalmente a recibir los conocimientos de la antigua tradición de místicos a la que su maestro pertenecía.

Cierto día, tras los meses de preparación intensa, Eckhart se dirigió a su discípulo.

—Joseph, has alcanzado un alto nivel de desarrollo en las artes. Al amanecer realizaremos la iniciación y a partir de eso tú también serás integrante de nuestra tradición. Hoy vamos a... —De pronto, las palabras del anciano fueron interrumpidas por fuertes golpes en la puerta.

El maestro bajó la mirada y, negando con la cabeza, murmuró: —Ya no nos queda tiempo.

Nuevamente golpearon a la puerta con desmedida insistencia. Eckhart apuró el paso y se dirigió a abrirla prontamente para evitar que se dispusieran a derribarla.

—¡Maestro, no abra! —exclamó sofocado Joseph al darse cuenta que había llegado el temido momento que su maestro había vaticinado.

—No te preocupes, puedo lograr un poco de tiempo.

El anciano abrió la puerta y se encontró con un clérigo acompañado por tres integrantes de la guardia del Rey, quienes sin pedir permiso se introdujeron en la vivienda.

—¿El señor Eckhart Guntt? —preguntó el clérigo.

—Sí, soy yo —contestó el anciano, mientras cerraba la puerta para ponerse frente al inquisitivo religioso.

—Señor Guntt, debe acompañarme, el obispo quiere hablar con usted.

—Con gusto —repuso el anciano, y agregó—: Necesito terminar algunas cosas aquí y enseguida me dirigiré a entrevistarme con él.

—¡No! —exclamó categóricamente el tenebroso personaje, cuyos largos ropajes eran tan oscuros como su penetrante mirada—. ¡Debe acompañarme ahora mismo!

En ese momento, apelando a sus conocimientos de las artes, los ojos del maestro se clavaron en los del clérigo. Tendió su mano estrechando la mano del perseverante procurador. Mientras la agitaba suavemente en señal de saludo, le habló acerca de él y su familia; aunque el clérigo no lo recordaba, Eckhart lo conocía desde su infancia. De pronto realizó un leve pero rápido movimiento de la muñeca del sacerdote, tras lo que le murmuró unas palabras que no pudieron ser escuchadas por el resto de las personas que se encontraban allí. Luego, continuó hablándole pausadamente con su particular profundo tono de voz.

—Señor, dígale que me dirigiré a verlo en breve, que me ha encontrado indispuesto y que no he podido acompañarlo. Verá que el obispo comprenderá.

Se produjo un silencio de algunos instantes; los ojos de Eckhart, que eran tan azules y profundos como el océano, seguían clavados en los del clérigo. Este, ya con la mirada perdida y con tono mucho más amable, le respondió:

—Muy bien señor, se lo transmitiré al obispo. Que tenga usted un buen día.

El sacerdote se dio media vuelta y ordenó a los soldados que lo escoltaran. Estos, a pesar de que la expresión de sus rostros dejaba ver claramente que no entendían lo que había sucedido allí, le obedecieron sin más.

El maestro cerró la puerta y murmuró, negando levemente con su cabeza:

—Perdóname por haber incidido en la voluntad de otro. Sé que va contra tu plan, pero sabes por qué lo hago.

Luego, se dirigió prontamente a su alumno.

—¡Rápido Joseph, toma tus cosas, debemos partir de inmediato!

Luego de haber tomado las pertenencias que les serían más útiles en la huída, lograron en pocos minutos de marcha a caballo llegar a las afueras de la ciudad, recorriendo un camino que los llevaba en dirección al Este.

—Joseph, no tenemos tiempo suficiente para realizar la iniciación completa, así que tendrá que ser una iniciación preliminar que te permita continuar con las prácticas de nuestra tradición.

—Como usted diga estará bien, maestro.

Con dificultad por la gran cantidad de nieve acumulada, y tras dos horas de marcha, se dirigieron hacia un claro en el bosque.

—Aquí estará bien —dijo el anciano mientras desmontaba y bajaba el saco con sus pertenencias para dejarlo sobre el suelo en el centro del claro.

Tras atar a los caballos en ramas de árboles cercanos, se dispusieron a preparar todo lo necesario para la ceremonia. El anciano le solicitó a Joseph que le ayudara a conseguir diecisiete piedras para formar una figura en el suelo del lugar.

Al cabo de pocos minutos habían formado un círculo de nueve piedras, junto con un camino de ocho que llevaba al centro del círculo y terminaba en su borde. El maestro se colocó una túnica ceremonial de color violeta intenso, y lo mismo hizo Joseph, pero la de él era blanca.

—Joseph, párate en la primera piedra del camino hacia el círculo. Daremos comienzo a la iniciación.

Joseph tomó posición como le indicó su maestro. Era un momento muy especial para él, tal vez uno de los más importantes de su vida. El maestro dirigió su mirada y las palmas de sus manos hacia el cielo y comenzó a recitar las palabras que darían comienzo a una nueva etapa en la vida de su querido discípulo.

El muchacho se detuvo a observar con detenimiento la escena en el momento en que comenzaba la ceremonia. A pesar del frío intenso, ya se sentía totalmente conectado con el entorno. El sol brillaba tímidamente, pero lo suficiente para iluminar el límpido cielo celeste. Los grandes árboles en torno al claro se veían majestuosos, embellecidos aún más por el blanco manto de nieve que cubría sus ramas.

Un par de cuervos, que se encontraban en una rama baja de un árbol cercano, asistían la escena con solemnidad, observando inmóviles lo que estaba a punto de desarrollarse. Se trataba de los testigos que la naturaleza había enviado para presenciar el acercamiento de aquel ser humano a la Tierra y las Leyes Universales.

El aire, carente de aromas por su carácter gélido, hacía que Joseph se sintiera más atento, más consciente, y por ello profundizó aún más su respiración.

Luego Joseph recorrió el camino de piedras a medida que Eckhart le indicaba; al mismo tiempo, recitaban las milenarias oraciones de la tradición de los grandes místicos.

Al finalizar la ceremonia, Joseph sintió que todo a su alrededor parecía tomar otra dimensión. De pronto, miró a su maestro y lo vio con una especie de luminosidad que lo rodeaba. Se masajeó los ojos para deshacerse de ese efecto óptico que presentaba la imagen del anciano, pero fue en vano.

—Maestro, noto que usted ha cambiado su apariencia —comentó Joseph, con un tono de voz mucho más pausado y sereno.

—No, Joseph, yo sigo siendo el mismo: el que ha cambiado eres tú. Has desarrollado, en parte, la visión mística, por eso ahora ya no me ves como antes. Ya no solo ves con tus ojos, también puedes ver con los ojos del corazón. Cuando desarrolles aún más tus capacidades, lograrás la percepción mística por completo, y a partir de entonces todo lo verás como realmente es.

Minutos más tarde, ocultaron los rastros de la ceremonia y volvieron a vestir sus largos y oscuros abrigos invernales.

Joseph, antes de abandonar el lugar, se arrodilló mirando hacia el centro del claro, enterró su brazo en la nieve hasta tocar el suelo con su mano, al tiempo que agradecía a la Madre Tierra el permitirle lograr la comunión con ella. En ese momento, percibió un torrente de energía corriendo desde la tierra por su brazo, mientras presenciaba la partida del dúo de testigos alados que emprendían vuelo hacia las alturas.

Se alejaron del lugar caminando, silenciosamente seguidos por sus mansos y fieles caballos. A pocos instantes de haber iniciado la marcha, el maestro se detuvo para hablarle a su discípulo.

—Debemos separarnos, Joseph. Si nos atrapan juntos, seguramente a ti te darán el mismo trato que a mí o incluso peor —le advirtió el anciano, tratando de ocultar la tristeza que cargaban sus dichos.

—Pero, maestro...

—No, sin excusas —le interrumpió Eckhart—, no tenemos más tiempo. Déjame terminar de decir estas últimas palabras.

El maestro prosiguió sin pausas.

—Debes continuar tu camino. Como marca nuestra tradición, debes preservar, transmitir y hacer buen uso de lo que te he enseñado.

"Recuerda que debes tratar siempre de pasar desapercibido. Jamás realices prodigios frente a otros. Y cuando sanes milagrosamente ante testigos, pide, como hacía el Maestro Jeshua, que no se lo digan a nadie.

—Pero, maestro, ¿qué hará usted ahora?

—Como te dije hace algún tiempo, no permitiré que me apresen. Mi misión en esta vida está cumplida: me retiraré al monasterio de clausura de Namur para realizar allí la transición.

Tras sus dichos, Eckhart llevó ambas manos hacia su cuello, buscó entre sus ropajes y extrajo el único objeto sacro que siempre llevaba consigo. Se trataba de una cruz en forma de T; a diferencia de la cruz cristiana convencional, esta presentaba la línea horizontal desplazada hacia arriba, pasando justo por el borde de la línea vertical. Los vértices de la cruz se ensanchaban hacia los extremos, finalizando con un corte cóncavo.

Retiró, pasando por encima de su cabeza, el elaborado cordel de lino del que pendía aquella cruz; así, despeinó su larga cabellera blanca (que contrastaba con las profundas entradas en su frente y era casi tan larga como su tupida barba de canas). Tomó la cruz entre ambas manos, cerró sus ojos y susurró unas palabras. Luego se dirigió a Joseph con una sonrisa, desplegó el cordel con ambas manos y lo puso al cuello de su discípulo.

Joseph experimentó sentimientos encontrados. El significado que conllevaba que su maestro le regalara su propia cruz tenía un profundo valor, pero era, a su vez, una experiencia dolorosa.

—Maestro, es un gran honor para mí llevar su cruz. Pero es suya, y me gustaría que la conservara para su protección.

—No, Joseph, quiero que tú la tengas. Yo la recibí de mi maestro, y él del suyo, y así se ha hecho desde siempre. Yo ya no la necesito.

Joseph asintió bajando lentamente su cabeza y sus párpados.

Eckhart colocó una de sus manos sobre el hombro de su discípulo y la otra sobre su pecho, apoyándola justo sobre la cruz que acababa de regalarle. Luego le habló mirándolo fijamente a los ojos.

—Joseph, a pesar de que nuestros caminos ahora se separan, ten presente que nuestro trabajo juntos aún no ha terminado, y que volveremos a encontrarnos.

Esas últimas palabras aliviaron el agobiante sentimiento de pérdida que Joseph experimentaba en ese momento, pero él no percibió su verdadero significado.

Con un fuerte abrazo, y la bendición del maestro, continuaron la marcha por caminos separados.

EL MERCADER

Cuando dijo Bayazid: "¡Gloria a mí!", no hablaba por ignorancia o capricho, y la lengua que expresó aquel secreto final se movía en la verdad cuando anunció "Yo soy Dios". Cuando Mansur intentó enseñar a la muchedumbre el secreto que el rostro le había revelado, la multitud se convirtió en verdugo y lo destruyó; la luz del día de su secreto se convirtió entonces en oscuridad absoluta. Y pese a todo, era la mismísima palabra de Dios la que hablaba; y cuando en la multitud reveló de pronto el secreto prohibido, su forma externa fue condenada a la horca; pero el amigo tomó su ser interior para sí, y cuando su vida no pudo hablar más, la sangre de su corazón siguió revelando el secreto.

Hakim Sanai (1044? — 1150?), poeta sufí persa.

Muchos fueron los kilómetros recorridos en dirección noreste por Joseph hasta llegar a Tepiduselgem, un pequeño poblado de carácter apacible, próximo a la ciudad de Antwerpen.

Se presentó como médico, ya que había aprendido de su maestro el arte de la sanación, aunque no ocultó que también era un excelente artista plástico que estaba dispuesto a regalarles la belleza de su arte.

La gente del poblado lo recibió con mucho agrado pues no vivía ningún médico en las cercanías. La presencia de Joseph era una bendición para ellos. Compró una buena extensión de tierra en las afueras de la aldea, la que incluía una cómoda casa. Utilizó para ello una pequeña parte de las monedas de oro que su maestro le obsequió cuando tuvieron que emprender la huída de Brugge.

Eckhart mantuvo en secreto que era un hombre muy acaudalado y, por precaución, tenía escondido bajo una pesada piedra en el suelo de su casa una cantidad de oro suficiente para vivir con comodidad por el resto de sus días. El grado de maestría de Eckhart le permitía obtener recursos materiales fácilmente. Hacía muchos años que había alcanzado lo que en la tradición se conoce como la *maestría material*. Este nivel, el vigésimo segundo, le permite al practicante dedicar todas sus energías al camino de la tradición, a sabiendas de que obtendrá los recursos materiales necesarios para desempeñar sus actividades.

Días después de haber llegado a aquel apacible lugar, Joseph se encontraba en el bosque cercano recogiendo hierbas, raíces y cortezas. Mientras realizaba esta tarea, elevaba su estado de conciencia para conectarse con los elementos de la naturaleza, y así obtener los mejores componentes para sus preparados. Por su carácter sensible e introvertido, disfrutaba mucho del contacto con el medio ambiente; la iniciación que había recibido de su maestro y su formación en artes plásticas se fundían en contacto profundo con los elementos y fuerzas más sutiles de la naturaleza.

De pronto, el sonido del viento fluyendo entre las hojas de los árboles y el canto de los pájaros cesó por completo. Levantó la vista y observó a su alrededor. Percibió que todo había quedado paralizado y en silencio. La opresión aplastante que abrazó a su corazón le obligó a caer de rodillas sobre un colchón de tréboles, llevando sus manos al centro de su pecho. Mantuvo su mirada hacia el cielo y el dolor hizo que una lágrima resbalara por su mejilla, siguiendo los pliegues de un rostro que expresaba profundo sufrimiento.

Una luz blanca y potente apareció a escasos metros delante. De inmediato supo que se trataba de su amado maestro, quien había abandonado su cuerpo definitivamente y venía a despedirse. Lo contempló en silencio y una poderosa conexión con aquella luz hizo que otra lágrima brotara, pero esta vez era generada por un profundo sentimiento de felicidad. Momentos después, la luz se alejó lentamente hasta desaparecer. Joseph volvió a tomar conciencia del entorno, y al mirar hacia el suelo vio que, donde habían caído sus lágrimas, dos rosas habían brotado. La primera de ellas era roja y la otra blanca.

A partir de ese día, Joseph concurría a menudo a aquel lugar, que había adquirido un significado especial, para rendir tributo a su maestro. Sin importar la estación del año, aquellas rosas —que tan solo Joseph podía ver— permanecían allí, inalteradas y tan hermosas como el día en que florecieron, alimentadas por aquellas lágrimas de sentimientos encontrados.

Algunos meses después de haberse instalado en el poblado, Joseph llevaba una vida apacible; disfrutaba de la naturaleza y tranquilidad del entorno, y de la armonía que existía entre los habitantes de aquel lugar. Servía a la comunidad realizando curaciones a partir de las técnicas habituales del momento, pero siempre aplicaba lo que había aprendido de Eckhart. Lo hacía de forma que sus pacientes no percibieran nada que pudiera resultarles extraño.

Hubo un día, como cualquier otro, que se transformó en un día distinto: al pueblo llegó un mercader proveniente del sur. Joseph, al igual que todos los otros pobladores, concurrió a la plaza para ver los artículos que ofrecía.

En el centro del pequeño poblado se encontraba una modesta iglesia que había sido una de las primeras construcciones del lugar. Allí también estaba la taberna que, en el piso superior, tenía dos habitaciones destinadas a hospedar visitantes; esto le redituaba ingresos extra al dueño del lugar de vez en cuando, cuando venía algún viajero que generalmente seguía hacia otro destino.

En ese lugar se encontraban, asimismo, las casas de los habitantes más acaudalados y poderosos del pueblo. Estas eran más amplias, más altas y sus terminaciones eran un poco más refinadas que las demás. Pero a pesar de las diferencias que podían existir en las construcciones, todas las viviendas de Tepiduselgem eran tan rústicas como sus habitantes. Este conjunto de casas rodeaba la plaza central, un espacio donde se agrupaban algunos puestos de venta de alimentos, y donde la gente del lugar se reunía a socializar cuando el buen tiempo se los permitía.

Joseph se dirigió directamente al puesto del mercader forastero, saludando de paso a una pequeña muchedumbre que se había agolpado por la visita del comerciante y que, también, aprovechaba la agradable temperatura ofrecida por el sol de primavera. Tras apreciar la mercadería en exhibición —entre la que podía encontrarse todo tipo de herramientas y artículos curiosos, ropa y calzado, perfumes, tejidos, utensilios, y especias— se acercó al mercader para conversar. Era una buena forma de obtener noticias de lo que sucedía más allá de las fronteras de poblado.

—Lo felicito por la variedad y calidad de los productos que ofrece, señor —le halagó Joseph tras dar los buenos días al mercader.

—Muchas gracias, siempre trato de ofrecer buena mercadería.

—Veo que vende interesantes artículos de lugares lejanos. ¿Los ha conseguido en sus sitios de origen?

—Algunos sí, otros los he comprado en las ciudades y lugares que visito.

—¿Ha venido desde lejos esta vez? —aprovechó Joseph la oportunidad para introducirse en el tema que más le interesaba.

—Vengo desde el sur, parando en los poblados en donde puedo ofrecer mi mercadería.

Joseph, que estaba ansioso por tener noticias sobre lo que sucedía en su ciudad, preguntó de inmediato:

—¿Ha visitado Brugge últimamente?

—Sí, hace unas semanas estuve allí. ¿Piensa viajar a Brugge?

—No, simplemente quería saber cómo estaba todo por allí. Es mi ciudad natal, me gusta estar al tanto de lo que allí sucede.

—Entiendo. Le diré que está bastante convulsionado, la Iglesia está persiguiendo a muchas brujas y brujos. Parece que estaba infestada de hechiceros. Muchos han sido perseguidos y quemados en la hoguera. Son una verdadera peste.

Ocultando el profundo dolor que sentía por lo que el mercader narraba, no tuvo más remedio que asentir para mantener un bajo perfil respecto al tema de la cacería de brujas.

—Ciertamente, señor, ciertamente.

—Tengo amigos y conocidos que me han contado muchas historias acerca de estos brujos. El primer brujo que intentaron atrapar escapó haciendo uso de un hechizo. Logró evadir a los soldados que fueron a buscarlo a su casa, embrujando al sacerdote encargado de apresarlo.

A Joseph le sonó más que conocida esa historia e instó al mercader para que siguiera narrando lo sucedido.

—Vaya, qué tenebroso... ¿Qué pasó con ese brujo?

—Logró escapar a Namur, pero murió poco tiempo después en un monasterio donde había logrado ocultarse. ¿No le parece increíble, un brujo ocultándose en un monasterio?

—En verdad llama poderosamente la atención... —respondió Joseph, mientras se imaginaba con amargura los últimos momentos de su amado maestro.

—Y usted, señor, ¿a qué se dedica? —preguntó el mercader.

—Soy médico.

—Qué bueno, tal vez podría tratarme de una úlcera que tengo en esta pierna —apoyó su mano sobre la rodilla de la pierna derecha—. Últimamente ha estado molestándome bastante, y me genera problemas para caminar.

—Por supuesto, pase por mi casa esta tarde y con gusto lo atenderé.

Joseph le indicó al mercader el camino para llegar a su casa y se despidieron.

Más tarde, ese mismo día, Joseph se encontraba realizando uno de sus preparados medicinales de extractos de plantas y flores. Ya estaba comenzando a sentir el cansancio de la jornada pues habitualmente se levantaba temprano, antes del amanecer; le gustaba aprovechar al máximo la luz natural. Una vez terminado el medicamento, se disponía a almacenar los frascos de los ingredientes que había utilizado en la elaboración, cuando de pronto alguien golpeó a la puerta.

Le pareció extraño pues el sol ya estaba por ocultarse y habitualmente a esa hora nadie concurría a su casa. Al abrir la puerta encontró al mercader.

—Disculpe la hora, señor, pero me he demorado al guardar la mercadería en mi carro —dijo el comerciante, al momento en que se quitaba su rígida boina negra y la sostenía delante de él con ambas manos.

Ahora que lo observaba bien, Joseph vio que se trataba de un hombre regordete, de baja estatura, con una pronunciada entrada que dejaba pocos cabellos castaños en forma de herradura coronando su cabeza. Su nariz era ancha y poco prominente; por encima de ella, ojos celestes, esquivos e inquietos escudriñaban sin cesar el entorno. Una barba y bigote tupidos, del mismo color que sus cabellos, cubrían buena parte de su rostro. Vestía una túnica turquesa pesada, de mangas anchas y corte rectangular, que le llegaba hasta las rodillas, cubriendo la clásica calza roja que utilizaban los hombres de la época.

Las vestimentas de aquel hombre llamaban la atención porque eran de excelente calidad —provenientes de Italia, donde se conseguían las mejores telas del momento—, y en aquel poblado difícilmente alguien pudiera conseguir o costear semejantes ropajes.

—No se preocupe, buen hombre. Por favor, pase y tome asiento, así puedo revisar su pierna —dijo Joseph, abriendo aún más la puerta de su casa mientras hacía un gesto con la mano para que el forastero pasara y se sintiera a gusto.

El mercader ingresó a la casa y comenzó a mirar a su alrededor. Era de por sí un hombre muy curioso, y su trabajo hacía que lo fuera aún más con los objetos que veía. Pero su verdadera motivación nacía de un macabro secreto.

Joseph notó que aquel hombre era un tanto indiscreto y, para evitar que siguiera escudriñando sus pertenencias, le interrumpió:

—Por favor, señor, tome asiento. Coloque la pierna lastimada sobre ese taburete y remánguese el pantalón. —Lo tomo por el hombro y le señaló la silla donde debía sentarse. Joseph tomó otro taburete para quedar más cerca de la pierna de su paciente, se sentó y de inmediato se dispuso a revisar detenidamente la úlcera del mercader. Mientras tanto, el mercader continuaba observando atentamente los objetos y manuscritos que se encontraban en la habitación. Algunos le parecieron extraños: él ya había estado en otros consultorios y nunca había visto cosas así.

Luego de tomarse breves instantes para realizar la exploración de la herida, Joseph le dijo:

—Creo que tengo algo ideal para su afección, discúlpeme un momento.

Se levantó y fue hasta uno de los estantes, tomó un frasco que contenía un polvo grueso de color verde oscuro, lo colocó en una vasija y después agregó un poco de agua. Tomó un cucharón de madera y revolvió la mezcla. Mientras lo hacía, levantó la mirada y notó que el mercader lo observaba con desconfianza. Intentando calmar a su paciente, Joseph le explicó:

—No se preocupe, estoy preparando una cataplasma. Este preparado es de verdolaga, una planta que crece en la región. Posee potentes propiedades cicatrizantes, ya verá...

Una vez que la mezcla adquirió la consistencia adecuada, Joseph aplicó el preparado sobre la úlcera del mercader. Mientras hacía esto, aplicó sus conocimientos ocultos, y elevó una de sus oraciones en silencio, aunque moviendo los labios levemente. Pero el mercader —ya sugestionado por la conmoción social que se vivía en ese momento, así como por los objetos poco comunes que Joseph tenía en su casa— olvidó la dolencia de su pierna y se puso en pie de golpe exclamando:

—¿Qué está haciendo? ¡Aléjese de mí!

Joseph, a pesar de la sorpresa por la violenta reacción de su paciente, le respondió con toda calma.

—Le estoy aplicando una cataplasma, simplemente eso.

—¡No! ¡Lo vi, usted no es médico! —exclamó el sobresaltado hombre. De inmediato, abandonó el lugar tan rápido como su renguera se lo permitía, sin intenciones de escuchar siquiera una explicación.

A Joseph le preocupó un poco la actitud del mercader. Nunca imaginó que pudiera ser tan supersticioso y sugestionable. Pero se convenció de que el incidente no pasaría a mayores y su imagen no se vería afectada: se trataba de un forastero, y él ya se había formado una buena reputación en el pueblo.

EL JUICIO

Más de un mes había transcurrido desde el infortunado encuentro con el mercader. Joseph se encontraba atendiendo a sus pacientes aquella mañana, cuando su criada concurrió a atender un llamado en la puerta. Segundos después, varios soldados irrumpieron en el consultorio.

—¡Por el amor de Dios, estoy atendiendo a una paciente! —exclamó Joseph al ver que aquellos hombres arremetían sin miramiento alguno.

—¡Debe acompañarnos de inmediato! —ordenó el soldado que parecía tener mayor rango.

—¿Qué sucede?

—Se lo explicarán más tarde. ¡Ahora debe venir con nosotros!

No fue difícil para los soldados, dada su delgada complexión y mediana estatura, tomar de los brazos a Joseph y, casi arrastrándolo, arrojarlo dentro de una carreta acondicionada a modo de calabozo ambulante.

Desde su prisión móvil, pudo ver cómo los soldados tomaban algunas de sus posesiones y las colocaban en otra carreta.

Dentro del grupo que realizaba el operativo de detención y requisa, se encontraba un hombre que, por su postura, demostraba su intención de pasar desapercibido. Se mantenía apartado, en las afueras de la casa; observaba todo lo que allí sucedía, con la cabeza ladeada un poco hacia abajo y hacia un lado, como tratando de ocultar su rostro bajo el ala de su sombrero.

En medio de las idas y venidas de los soldados, el testigo de forzado perfil bajo se introdujo rápidamente en la casa de Joseph. Se trataba del mismo mercader que semanas antes había salido despavorido de aquella misma casa; ahora ingresaba allí para ejecutar parte de las actividades de su perverso plan.

En su afán de cosechar riquezas y poder, el mercader se relacionaba hábilmente con personas influyentes. Así fue como logró establecer una especie de pacto con el inquisidor principal de Brugge: a cambio de entregar a la Santa Inquisición a aquellos pecadores que practicaban actividades de hechicería, o que estuvieran influenciados por esta, el mercader podía conservar algunas de las pertenencias de los detenidos. Siempre y cuando no fueran de interés para la Iglesia, según le había dejado claro el inquisidor. Esta despreciable forma de obtener mercadería le redituaba jugosas sumas de dinero que —secretamente y en desiguales proporciones que le favorecían— compartía con el inquisidor.

Para el mercader, el caso de Joseph había sido bastante evidente. En realidad se trataba de su primera acusación real y esto hacía que se sintiera un héroe: gracias a él, se había logrado atrapar a un malvado adorador del demonio.

Las demás personas que él había acusado, que ya sumaban algunas decenas, no eran tan obvias en actitudes que mostraran atracción hacia la magia negra. Incluso en algún caso, al momento de efectuar el allanamiento, había tenido que plantar algún objeto en el interior de las casas de los acusados. No era tan difícil; bastaba con una pequeña bolsa de tela rellena de un puñado de semillas y hojas de plantas, que en su exterior tuviera pintado con la sangre de un animal algún símbolo ininteligible. Eso era prueba suficiente para que el inquisidor despachara al acusado y su socio pudiera hacerse de las pertenencias del inocente, cuya única falta había sido poseer algún objeto de valor para el inescrupuloso comerciante.

El accionar del mercader era sin duda despreciable, pero no sentía el menor remordimiento. Solo una vez su conciencia se vio mínimamente conmovida: se trataba de una mujer anciana que había perdido a su marido y a sus seis hijos, víctimas de una epidemia de peste bubónica. La mujer concurrió al puesto del mercader para ver la mercadería que ofrecía; para su infortunio, el anillo de oro que llevaba en su dedo derecho anular —heredado de su abuela— fue percibido por el cazador de brujas. El hecho de haber sido la única sobreviviente de su familia al azote de la peste ya era indicio suficiente para considerar que tenía poderes sobrenaturales; incluso podría haber sido ella la causante de la maldición que acabó con las vidas de sus familiares y vecinos.

Una vez que la mujer fue acusada, llevada a prisión y su casa revisada, el mercader se dio cuenta de que en realidad se trataba de una mujer muy pobre, cuya única riqueza material era aquel anillo (que ni siquiera era de buena calidad). Por un momento pensó en solicitar que la liberaran, pero luego se dio cuenta que era mejor mantener una buena tasa de acusaciones para que el inquisidor valorara adecuadamente su incansable labor.

Tiempo después, el mercader se enteró por rumores que la anciana había sufrido mucho al momento de la ejecución. Al parecer, el demonio que la había poseído había hecho que se retorciera violentamente y diera alaridos de dolor durante el buen rato que demoró en ser expulsado de su anciano cuerpo, gracias a las purificadoras llamas que devoraron su carne. Fue allí cuando el soplón se sintió un poco conmovido y, a partir de entonces, decidió no presenciar ejecuciones y evitar saber acerca del final de sus denunciados. No era cuestión de que su conciencia se interpusiera entre él y la fortuna que estaba cosechando.

Una vez dentro de la casa de Joseph, el mercader pudo desenvolverse sin disimulos. Recorrió todas las habitaciones, en compañía de dos soldados, a los que les indicaba los objetos que debían tomar para cargar en la carreta de incautaciones: un par de morteros de roble, un tapiz que decoraba una de las paredes del consultorio, un puñado de herramientas, una caja con los útiles de pintura... Y el botín más preciado: cuatro representaciones pictóricas que Joseph había creado desde su llegada a Tepiduselgem.

Finalmente, solicitó que también requisaran el material probatorio para inculpar al acusado de hechicería: escritos y libros relacionados con temas prohibidos.

Saciada su ambición, el mercader se dirigió al exterior para mezclarse rápidamente con la muchedumbre que se había agolpado, adoptando nuevamente la misma tímida actitud de inocencia. Podía estar tranquilo de que nadie notaría su presencia, pues toda la atención de los espectadores se centraba en los soldados y en el carro de reclusión.

En la mirada de las personas que habían concurrido a ver de qué se trataba aquella conmoción, había una mezcla de miedo y morbo. Un gélido aliento, proveniente de sus entrañas, se apoderó del pecho de Joseph al darse cuenta de que sus queridos amigos y vecinos —que también eran sus pacientes— lo laceraban ahora con miradas de prejuicio e infundado repudio.

Joseph no pidió ayuda, pero tampoco nadie se la ofreció. Al parecer, no pesó demasiado lo mucho que él había hecho por los habitantes de aquel poblado. Todo lo contrario: ya estaban haciendo comentarios acerca de las extrañas actividades que aquel joven médico realizaba. En realidad, ninguna de las prácticas que Joseph permitió que sus vecinos presenciaran era extraña, pero al momento de acusar a un brujo todas las actividades, hasta las más simples, pueden ser considerados actos de hechicería.

Cuando la carreta se puso en marcha, una mirada atrajo la atención del supuesto adorador del diablo. No era como las demás: era una mirada de tristeza y empatía, una mirada que trataba de gritar a toda costa, pero el miedo racional y el instinto de conservación le enmudecían. Esa mirada, la de su criada, fue la que sofocó aquel sentimiento desolador y le dio fuerzas a Joseph para no quebrarse bajo el peso de su propia tristeza.

Ella admiraba profundamente a Joseph, conocía su secreto a pesar de que él no se lo había revelado. Sabía que era un hombre bondadoso e incapaz de hacerle daño a alguien. Lo amaba en silencio, y por momentos hasta se sentía terriblemente culpable por tener celos de Dios: ella podía percibir el amor que Joseph sentía por Él.

Pero Joseph había evitado notar esa profundidad del sentimiento de su criada; conociendo su propia debilidad por las mujeres, sabía que podía enamorarse fácilmente. Y en caso de que la relación no perdurara, podría afectar la buena relación con el padre de ella, quien se encargaba de las tareas de su campo.

El presunto hechicero mantuvo su mirada fija en los ojos de su asistente, mientras era alejado de ella. Apoyando una mano sobre su corazón le agradeció en silencio. Ella de inmediato captó el mensaje que él trataba de transmitirle y le respondió con una sonrisa, a pesar del amargo sentimiento que la dominaba en ese momento.

Ya lejos del poblado, Joseph dejó de mirar con melancolía hacia el horizonte, notando que en la carroza donde se encontraba encerrado había otros dos hombres. Se dirigió a ellos a fin de obtener alguna respuesta.

—¿Alguno de ustedes sabe qué sucede? ¿Por qué nos encierran? ¿A dónde nos llevan?

—Van a llevarnos ante la Santa Inquisición en Brugge —respondió uno de los hombres.

En algún lugar interno, Joseph ya conocía la respuesta, pero al escucharla con sus propios oídos un escalofrío recorrió su espalda. Los augurios de su maestro acerca de las persecuciones y muertes resonaron en su mente con angustiosa claridad.

Durante el viaje de dos días, Joseph entabló trato con los prisioneros que lo acompañaban. Los guardias no permitían que hablasen pero, cuando tenían oportunidad, se comunicaban en voz baja para no ser escuchados.

Uno de los prisioneros era un herrero que había heredado los antiguos rituales y creencias de su abuelo, druida, al igual que sus antepasados. En el poblado, todos conocían sus prácticas, que provenían de una larga y conocida tradición familiar, e incluso muchos solicitaban su ayuda para que aplicara sus conocimientos. Pero alguien entendió que eran prácticas paganas que contradecían los mandatos impuestos por la Iglesia, y por ello fue denunciado.

El otro hombre, un maestro de escuela, no compartía las prácticas de persecución y muerte que estaba llevando a cabo la Iglesia, y se atrevía a discutirlo públicamente. Muy pronto se extendió el rumor acerca de las ideas opositoras del educador. Pero, como suele suceder con los rumores, se alejó de la realidad, tanto, que la versión que llegó a los inquisidores indicaba que el maestro había asumido su odio a la Iglesia y a todo lo que esta representaba.

Los tres hombres comprendían el peligro que corrían, más allá de todas las historias que habían escuchado sobre la Santa Inquisición. Sabían que debían tener sumo cuidado cuando fueran interrogados acerca de sus creencias y prácticas religiosas.

Desde una colina, Joseph se alegró al notar que se estaban aproximando a su tierra natal, pero al mismo tiempo sintió el pesar de tener que enfrentar allí un gran peligro.

Minutos después de entrar en la ciudad, la caravana se detuvo frente a la iglesia mayor de Brugge; luego, los tres hombres fueron arrastrados tan brutalmente como cuando fueron apresados. Los guardias los condujeron al subsuelo del edificio, que se encontraba en la parte posterior de la nave principal.

Al bajar el primer tramo de las escaleras, los recibió un profundo hedor de sangre, muerte y deyecciones humanas. La atmósfera era fría, húmeda y bañada de una profunda oscuridad, apenas salpicada por las luces tenues de algunos candiles que iluminaban tímidamente los resbaladizos corredores. Los tres hombres fueron arrojados, uno a uno, en calabozos separados. Eran tan pequeños que allí ni siquiera cabía una cama.

En la celda de Joseph, una pequeña ventana de sección piramidal, que se encontraba próxima al techo apenas permitía el ingreso de luz natural. En el suelo solo había un montón de paja acompañado de un balde para las deposiciones. La puerta del calabozo era de madera y estaba unida por herrajes; en la parte superior tenía una pequeña ventana, utilizada por los guardias para observar a los prisioneros; el musgo que la cubría le otorgaba una desagradable tonalidad verdosa.

Algunas horas más tarde, Joseph escuchó los alaridos de un hombre que reclamaba ser inocente. Los lastimosos gritos se alejaron por el pasillo, junto con el sonido del forcejeo de los guardias con aquel prisionero. Reconoció que se trataba de uno de los hombres que había sido apresado junto con él. Esa fue la última vez que escuchó su voz, y nunca más volvió a verle.

La fría noche transcurrió lentamente; Joseph no podía conciliar el sueño. En la oscuridad de su celda, se podían escuchar sollozos y gemidos de sufrimiento que provenían de los rincones de aquel macabro lugar donde se encontraba. Era una pesadilla hecha realidad, un infierno en la tierra, y a Joseph le costaba creer que ese infierno fuera creado en nombre de Dios.

Las primeras horas de la mañana lo encontraron en calma y fortalecido físicamente gracias a las prácticas espirituales que realizó durante toda la noche.

Súbitamente la puerta de su calabozo se abrió. Dos guardias lo tomaron de los brazos y lo llevaron hacia los pisos superiores del lugar. Recorrieron un largo y adornado corredor, iluminado por la luz natural que ingresaba por los amplios ventanales; esto contrastaba completamente con las instalaciones infernales que se encontraban en el sótano de ese mismo edificio.

Los guardias y el prisionero desviaron su marcha hacia una de las enormes puertas del amplio pasillo; luego de cruzarla, Joseph se encontró con un sacerdote que lo estaba esperando. Junto a él había un escriba sentado en una mesa donde había libros y escritos, muchos de ellos —pudo reconocer— que le pertenecían. El grupo se completaba con dos guardias que permanecían parados a los lados de la mesa.

—Buenos días, Joseph, por favor toma asiento en esa silla —dijo el sacerdote con una sonrisa y un tono de voz bastante amigable.

—Gracias —respondió, tomando asiento en la única silla que, aislada, se enfrentaba al reducido tribunal. Así aprovecharía la oportunidad de observar más de cerca al inquisidor.

Era un hombre alto, delgado, de pómulos y mentón puntiagudos, ojos hundidos de un color celeste claro y mirada penetrante. Su fino cabello, de un castaño muy claro, apenas le cubría la cabeza y dejaba ver profundas entradas sobre su frente. Joseph, que había aprendido con su maestro a ver a través de los ojos de la gente, de inmediato percibió la naturaleza demoníaca del inquisidor.

—¿Sabes por qué estás aquí?

—No estoy seguro, señor.

—Porque hay gente que te ha visto realizar algunas cosas que no son bien vistas a los ojos de Dios y a las buenas costumbres cristianas.

—En absoluto, señor, mi estilo de vida y mis prácticas son afines al cristianismo.

—¿Y qué puedes decirme acerca de estos libros y escritos que tenías en tu casa? —preguntó el inquisidor, al tiempo que se acercaba a la mesa y levantaba uno de los escritos.

—Es material que he recopilado durante varios años —contestó sin titubeos.

—Aquí hay material que no trata específicamente de medicina.

Joseph, en ese instante, revisó mentalmente los escritos que estaban en su casa, y supo de inmediato que no habría forma de justificar ciertos temas de estudio ante el clérigo sin ser acusado de herejía.

—Mucho de ese material lo heredé de mi abuelo y lo he conservado por tradición, gran parte de lo que hay allí ni siquiera lo he leído —mintió para tratar de evitar la temida acusación.

—¿Acaso me crees estúpido? —exclamó el inquisidor con el rostro desfigurado, dejando ver claramente su verdadera naturaleza, al tiempo que daba un fuerte golpe sobre la mesa.

—No, señor, le estoy diciendo la verdad —respondió Joseph, tratando de mantenerse convincente en su declaración.

El inquisidor se dirigió hacia una pintura que se encontraba recostada en una de las paredes del lugar. La tomó en sus manos y la dio vuelta para que todos los que allí se encontraban pudieran verla.

—¡Observad la escena que este hereje ha plasmado! —exclamó el acusador, al tiempo que dejaba ver la pintura que representaba la ceremonia de iniciación que Joseph había transitado junto a su maestro.

En ese momento Joseph se dio cuenta del error que había cometido al realizar la pintura que los inquisidores le habían incautado. Era demasiado elocuente y sus detalles dejaban ver que era él quien participaba de la escena.

Tras dejar la pintura, el inquisidor se abalanzó súbitamente sobre Joseph, tomó la cruz que su maestro le había regalado y, de un fuerte tirón, se la arrancó.

—¡Dame esto, blasfemo! ¡No mereces llevar ninguna cruz!

Joseph no pudo evitar que le arrebatara su objeto más preciado y se estiró para recuperarlo, pero el inquisidor rápidamente le desvió la mano con un fuerte golpe.

Tras el forcejeo, el macabro personaje se dirigió a los guardias.

—¡Llévenselo y hagan que declare la verdad!

Mientras era conducido nuevamente hacia las mazmorras, Joseph no podía dar crédito a lo que estaba sucediendo y un mar de interrogantes inundaba su mente. ¿Por qué aquellos hombres cuestionarían su inocencia? ¿Acaso los representantes de Dios en ese lugar no deberían reconocerlo a él como uno de sus más devotos creyentes? ¿No deberían representar en sus actos la misericordia en su más alta expresión? Había un indicio que aclaraba esta paradoja: si Joseph no se equivocaba en la lectura de la naturaleza del inquisidor, estaba ante un ser de naturaleza malévola, que podía alimentar sus necesidades demoníacas haciendo uso de los poderes terrenales que desatinadamente se le habían otorgado. La Iglesia en ese momento era la máxima autoridad. Incluso podía llegar a tener mayor poder que los reyes de los dominios sobre los que la autoridad eclesiástica estaba asentada. Si la Santa Inquisición acusaba a Joseph de brujería, no habría forma de escapar, nadie se atrevería a defender su inocencia.

Recordó también que su maestro le había dicho que tratara de evitar fijar sus pensamientos en aquellas cosas que le producían temor. Joseph había mantenido constantemente el temor a la persecución y la Inquisición desde el día en que se despidió de Eckhart. Ahora su peor pesadilla se estaba haciendo realidad. Los hombres como Joseph poseen el poder de materializar aquello que ocupa su mente: no solo las cosas positivas, sino también las negativas, como los temores.

Al final del corredor donde se encontraba su calabozo, estaba el sitio donde se forzaban las confesiones. Joseph fue engrillado contra una de las paredes; bajo sus pies había un charco levemente diluido de orines rojizos, seguramente porque estaban mezclados con una buena cantidad de sangre.

El hedor a temor invadía su nariz a pesar de que intentaba hacer pequeñas inhalaciones para evitar esa espantosa sensación. En la pared opuesta a donde se encontraba él, a unos seis metros, había una mujer con el torso desnudo; sus largas greñas resecas y amarronadas —en otro tiempo una sedosa cabellera pelirroja— y su cabeza colgando hacia el frente no dejaban ver su rostro. Sus rodillas yacían sobre el resto de sus vestiduras en el suelo; el tronco le colgaba hacia delante, sostenido por grilletes fuertemente adosados a los adoquines de la pared y que aprisionaban sus muñecas.

Joseph sintió un profundo dolor por aquella mujer que evidentemente había sido víctima de todo tipo de torturas. Lo cierto es que ella había caído en desgracia por su belleza y valor, pues el inquisidor lograba que fueran conducidas a sus garras las mujeres que pudieran saciar su apetito sexual. Sin demasiada sutileza, cuando entrevistaba a solas a sus bellas víctimas, dejaba claro que de entregarse a prácticas sexuales con él su inocencia estaba garantizada. De lo contrario, serían acusadas de brujería.

La mujer que Joseph encontró en desgracia en aquel infierno era una de las pocas que había tenido el valor de negarse a ser alimento sexual del repugnante inquisidor. Paradójicamente, su estoicismo la llevo a ser presa del abuso de los verdugos, que no necesitaban contener sus más bajos instintos ante doncellas indefensas.

En uno de los costados de la sala de suplicios se encontraba descansando uno de los torturadores; sin duda había quedado exhausto luego de pasar por una agotadora sesión de mortificación. Era un hombre alto y corpulento, de tupidas barbas, bigotes y cejas. Vestía las mismas ropas que cualquier ciudadano común, pero se diferenciaba porque tenía sobre su jubón algunas salpicaduras de sangre; su mirada, proveniente de pequeños ojos oscuros, era, sin lugar a dudas, la de un individuo mentalmente muy perturbado.

Joseph siguió observando su entorno y para aumentar su terror notó la presencia de algunos de los instrumentos más espantosos que el hombre jamás haya inventado. Los torturadores de la inquisición poseían infinidad de recursos para infligir sufrimiento a las desgraciadas víctimas que caían en sus manos. Quienes realizaban aquellas tareas generalmente eran hombres sicológicamente trastornados a los que les agradaba provocar tormentos a otros seres vivos; poseían una excelente creatividad para lograr métodos y aparatos de tortura que podrían hacer confesar culpabilidad al más inocente de los mortales.

Entre los artilugios con los que contaban los verdugos estaba la pirámide, un soporte de madera de forma piramidal de base cuadrada, donde el condenado era sentado sobre el vértice de la estructura, disponiendo sus piernas a los lados de la pirámide, generalmente se colocaban pesas en muñecas y tobillos para que la presión del vértice sobre el torturado fuera mayor. Algunas de estos artefactos contaban con púas sobre los laterales, donde descansaban las piernas de la víctima.

Otra pieza popular era el rompe cráneos, una prensa que contaba con un casco metálico donde la cabeza del acusado era colocada. Mientras se giraba la prensa, se ejercía una presión aplastante sobre el cráneo de la víctima. Con esto se buscaba atormentar la mente demoníaca del practicante de brujería.

Uno de los más difundidos elementos era el potro, una estructura de madera en forma de cama cuyos extremos presentaban rodillos con manivelas; allí se enrollaban las cuerdas que ataban las extremidades de la víctima. Con esto se lograba un estiramiento paulatino de los brazos y piernas de los torturados. En algunos casos se llegaba al desgarro o incluso al desmembramiento; esto último particularmente sucedía cuando el potro se implementaba con dos caballos que tiraban en sentidos opuestos.

Como complemento a estos artefactos, también se recurría a los latigazos, las golpizas con bastones y los colgamientos desde las muñecas y tobillos por extensos lapsos de tiempo.

Luego de haber sufrido el tormento de las torturas y experimentar algunas de esas máquinas de maldad durante varias horas, Joseph finalmente entendió que la única manera de terminar con ese suplicio era asumiendo su responsabilidad. Así que, tras haber confesado su culpa a los verdugos, fue llevado nuevamente a su calabozo y minutos más tarde el inquisidor fue a verlo.

—¿Asumes entonces que esos escritos son de tu propiedad?

—Sí, son míos —respondió con los pocos alientos que le quedaban luego de soportar la sesión de suplicios.

—Utilizabas ese material para realizar prácticas de brujería, ¿verdad?

—¡No, jamás! Las prácticas que siempre he realizado están alineadas con el plan de Dios, y en armonía con las leyes universales.

—Veo que con tus poderes de hechicero aún te quedan fuerzas para negar tu condición de adorador del demonio —aseveró el inquisidor.

—¡No! —exclamó Joseph, al tiempo que un efluvio sanguinolento chorreaba de unos de los costados de su boca, y prosiguió—: Usted me está acusando de algo que no es cierto. Yo creo fervientemente en Dios y mis prácticas son afines a todo lo que Él representa.

El inquisidor, sin decir más, se retiró y poco después volvieron a llevar a Joseph al lugar donde se practicaban las atrocidades.

Esta vez la resistencia de Joseph no fue tan duradera, ya que fue colocado directamente en la pirámide al tiempo que era azotado con saña por uno de los verdugos. Asumió injustamente su condición de hechicero.

Tras ser liberado del suplicio y arrojado en su calabozo, volvió a realizar sus prácticas espirituales; eso le sirvió para sentirse mejor y lograr alcanzar casi la misma fortaleza que tenía antes que comenzaran las torturas.

Esa noche no pudo dormir. Por momentos se sintió culpable de que todo eso estuviera sucediendo. Se dio cuenta de que no había manejado los hechos con suficiente astucia, y que su credulidad en la buena voluntad de la gente lo había conducido hasta ese martirio.

Sus pensamientos, en parte, eran acertados: Joseph siempre había sido un idealista con respecto a los valores de las personas y las instituciones. Recién al experimentar ese infierno pudo tomar conciencia sobre aspectos tan oscuros del ser humano, como la hipocresía, el morbo, la codicia, la crueldad y la envidia.

A la mañana siguiente los soldados volvieron a subirlo a una carreta. Sabía cuál era el destino que le aguardaba y se preparó. Realizó una práctica especial que su maestro le había enseñado, la cual le permitió alcanzar una profunda paz y un absoluto control de sus sentidos.

Al llegar a una de las plazas de Brugge, fue arrojado desde la carreta y, luego de caer al suelo frío y húmedo, lo despojaron de sus ropas manchadas de sangre y sufrimiento. Enseguida fue arrastrado hasta un mástil que se encontraba coronando una montaña de leña, abundantemente regada con aceite combustible. Para mantener su cuerpo en pie, pasaron gruesas cuerdas por debajo de sus axilas, cintura y rodillas; después las ataron, al igual que pies y manos, al mástil que se encontraba a su espalda.

A continuación, en el único mástil que aún quedaba libre, ataron a otro condenado. Joseph logró reconocerlo a pesar de que tenía el rostro desfigurado, seguramente por la tremenda golpiza que había recibido. Se trataba del herrero que lo había acompañado en su travesía hasta ese fatídico lugar.

La plaza se encontraba abarrotada por la gente que concurría para presenciar el penoso espectáculo. La mayoría de las miradas eran de temor, pero también había muchos que se regocijaban presenciando el sufrimiento ajeno. Sin dudas, el morbo era lo que más los impulsaba a permanecer allí, expectantes. Eran pocos los que en silencio oraban por aquellos hombres; en general eran los mismos que en su corazón sentían que la Iglesia estaba llevando adelante una guerra que iba en contra de sus propios preceptos, y particularmente en contra del significado que Dios tenía para ellos.

Un sacerdote se paró frente a los acusados y, tras observarlos por breves instantes con una profunda mirada de tristeza, comenzó a leer unos versículos de la Biblia.

Joseph ya no escuchaba y eran muy pocas las sensaciones que lograba captar: estaba inmerso en sus propias oraciones y en su propia e inquebrantable fe en Dios.

Lo último que vio fueron las llamas que lo cubrían, desfiguradas por las lágrimas que brotaban de sus ojos. Lágrimas que no eran causadas por el fuego, sino por el dolor en su corazón, producido por el odio de aquellos hombres que lo perseguían en nombre del Dios a quien él tanto amaba.

SEGUNDA PARTE — EFECTO

EL DESPERTAR

El primer paso para alcanzar la sabiduría consiste en hacerse preguntas de forma constante y frecuente [...] pues, mediante la duda, llegamos a la interrogación, y mediante ésta, a la verdad.

Pedro Abelardo (1079—1142), teólogo francés.

Ese día Nigel había llegado al hospital más temprano que de costumbre. La noche anterior no había logrado conciliar bien el sueño pues iba a tener que realizar una cirugía importante.

En base a sus primeras experiencias dolorosas como médico —y a los consejos de los profesores de la universidad—, Nigel siempre trataba de no involucrarse sentimentalmente con sus pacientes, pero en este caso le había resultado difícil mantener la distancia. Don Ángel era un hombre con edad suficiente como para ser su padre, cuyo carisma facilitaba que quien intercambiara algunas palabras con él terminara encantado, fascinado con su conversación.

—Buen día, doctor Quiró —saludó la *nurse* del sector donde se encontraba internado don Ángel.

—Buenos días, Chantal, ¿cómo has pasado la noche?

—Un poco agitada, el paciente de la 312 estuvo inquieto toda la noche y, para acompañarlo, el de la 316 no se quedó atrás.

—Así es la noche, tú sabes. Puede tocarte una profunda tranquilidad como una vorágine devastadora. Lo sé porque en los meses de internado me sucedía, e incluso traté de determinar los factores que podían incidir. Pero creo que, en definitiva, depende de cada paciente.

—Doctor, me llama la atención que haya llegado tan temprano, aún no son las cinco de la mañana. ¿A qué se debe su presencia a estas horas?

Nigel en ese momento trató de ocultar su nerviosismo por la cirugía que iba a realizar.

—Simplemente decidí tomarme un tiempo para estudiar los casos de los pacientes que voy a intervenir hoy.

—Muy bien, doctor, usted siempre tan involucrado con su profesión. Eso es algo que, a pesar de cómo deberían ser las cosas, no se encuentra siempre.

—Te entiendo, Chantal: muy a mi pesar, yo mismo lo he comprobado. Considero que, en todas las profesiones, siempre debemos mantener un elevado nivel de ética y compromiso con la tarea que desempeñamos. Pero en el caso de la medicina, ese compromiso debería profundizarse todavía más.

Nigel no quiso perder más tiempo e interrumpió la conversación.

—Chantal, ¿serías tan amable de darme la ficha del paciente de la 311?

—Aquí la tiene, doctor. —La *nurse* le entregó la ficha que tenía en sus manos—. Justo en este momento estaba realizando unas anotaciones de último momento. La verdad que don Ángel es un amor, a mí me ha conquistado. Tiene algo especial que me hace querer visitarlo cada vez que paso por la puerta de su habitación.

—Es verdad —asintió Nigel con una sonrisa, mientras recordaba alguno de los diálogos que mantuvo con don Ángel—. Es esa clase de personas que generan recuerdos y vivencias perdurables, que dan ganas de atesorar para ser utilizados en aquellos momentos donde sentimos que el ánimo flaquea.

Mientras terminaba de decir esas palabras, Nigel se apresuró a tomar la ficha de su paciente, pues estaba ansioso por dejar todo listo para la cirugía. Revisó las últimas anotaciones que habían hecho las *nurses* de los turnos anteriores, verificó que el resultado de los análisis estuviera dentro de los rangos normales y, por último, le pidió a Chantal que confirmara la disponibilidad del quirófano para la hora pautada.

Respiró entonces profundamente, tratando de liberar un poco la tensión. En ese momento ya se sentía un poco más calmado, pues había logrado avanzar en los preparativos de la intervención quirúrgica. Cerrando la historia clínica de don Ángel, se dirigió a la *nurse* con una sonrisa.

—Chantal, gracias por todo, voy a visitar a mis pacientes.

—De nada, doctor, es un placer —respondió Chantal. Ella sabía que, cuando se refería a "sus pacientes", estaba pensado especialmente en don Ángel.

Se alejó entonces rumbo a la habitación 311 y, como de costumbre, mientras caminaba por el pasillo Nigel repasó rápidamente el significado de su profesión en su vida, o cómo había llegado a convertirse en un prominente cirujano. Recordaba hitos que marcaron su carrera mientras estudiaba junto a los grandes profesores que, de una u otra manera, pautaron su forma de pensar y su desarrollo profesional.

"Vaya, siempre lo mismo, cada vez que tengo una intervención caigo inevitablemente en esta revisión de hechos", se decía a sí mismo mientras sacudía levemente la cabeza.

"¿Tendré algo pendiente? ¿Habré hecho algo de lo que me arrepiento, y no soy del todo consciente? ¿O en realidad será que me falta algo por hacer?". Eran las inquietudes que revoloteaban en su cabeza y que no lograba disipar, por más que buscara la causa de las mismas.

Unos metros antes de entrar en la habitación, se acomodó la túnica y, con el barrido de su mano, trató de que su cabello luciera un peinado prolijo. Luego, entró en la habitación lentamente pues no quería darle un sobresalto a don Ángel. Para su sorpresa, lo encontró sentado en la cama, con la luz de noche encendida, leyendo un libro. Tenía unos pequeños lentes que utilizaba para leer, de esos que se acomodan a la mitad de camino entre la punta de la nariz y el entrecejo. Esto le permitía elevar la mirada por encima de ellos para poder ver a la distancia, sin necesidad de quitárselos.

Nigel, al verlo, no pudo evitar esbozar una sonrisa de cariño. El mismo tipo de sonrisa que surge al ver la ternura que envuelve a una madre con su hijo.

—Buenos días, don Ángel, ¿qué ha pasado? ¿No ha conciliado el sueño, o este día ha decidido madrugar?

Don Ángel giró la cabeza hacia donde estaba su cirujano, la inclinó hacia delante para dejar que su mirada se dirigiera sobre sus gafas y se posara cálidamente sobre Nigel.

—¡Buen día, doctor! —exclamó sorprendido—. Me imagino que la pregunta debe ser parte de la costumbre de los cirujanos con los pacientes que van a intervenir.

—Es verdad, es parte de la costumbre, por los preparativos —le confirmó a don Ángel mientras se acercaba hacia él para colocar el estetoscopio sobre su pecho, y también le daba los buenos días a la esposa de don Ángel que se encontraba al lado de su marido.

—¿Como ha pasado la noche? ¿Ha logrado descansar? ¿Se siente bien?

—Bien, bien. Todo bien, doctor, no se preocupe: no podría estar mejor. Lo único que extraño es la deliciosa comida casera que hace mi esposa, aunque anoche también extrañé la comida de este hospital, ya que estoy en ayunas y tengo un hambre tremenda —se quejó don Ángel mientras apoyaba una mano sobre su vientre.

—Bueno, es solo por hoy, si todo sale bien mañana ya podrá comenzar a comer algún sólido nuevamente.

"Ahora lo dejo, voy a prepararme. En un rato los enfermeros vendrán a buscarlo para llevarlo a la sala de operaciones, así que nos vemos en unos minutos. Y quédese tranquilo, que esto es más rápido y sencillo de lo que se imagina. —Con esas palabras, Nigel trató de infundirle tranquilidad a don Ángel.

—Muy bien, doctor, estoy más tranquilo que nunca, siento una confianza ciega en usted.

Esa frase hizo que Nigel sintiera un vacío en el estomago. Por un lado, sentía el sincero apoyo de don Ángel pero, por otro, una pesada carga de responsabilidad que él mismo se autoimponía.

"Vaya, no sé qué me pasa... Con el correr de los años, en lugar de hacerme más duro frente a estas situaciones, me estoy ablandando. Ha de ser la edad". Pensaba todo eso mientras se despedía de don Ángel, con el eco de sus últimas palabras resonando en su cabeza.

Eran casi las siete; Nigel ya tenía todo listo, había hablado con todos los integrantes del equipo de cirugía, había repasado nuevamente los últimos análisis. Sentía que estaba todo dispuesto para tener una exitosa intervención que, aunque era considerada "menor", por la avanzada edad de don Ángel se incrementaba el nivel de riesgo. Esto le preocupaba aún más, dado que había tenido que tomar la difícil decisión de operar a su paciente para evitar males mayores.

En simultáneo con los preparativos del equipo de cirugía, dos enfermeros entraron a la habitación donde se encontraba don Ángel para transportarlo al quirófano.

Don Ángel estaba tranquilo; al entrar a la sala de cirugías, lo primero que vio fueron los ojos de Nigel. No alcanzaba a ver su sonrisa a causa del barbijo, pero su mirada lo reconfortaba enormemente y le hacía sentir a gusto, más allá del frío entorno del lugar.

Una vez que el paciente se encontró sobre la mesa de operaciones y ya preparado por el equipo de cirugía, Nigel casi le susurró, con voz suave, que comenzara a contar regresivamente de diez a uno, en voz alta. Don Ángel solo pudo llegar hasta ocho; luego cayó en un sueño profundo, producto de la anestesia que le estaban suministrando mientras contaba.

La cirugía fue todo un éxito, y Nigel estaba contento por el trabajo realizado. Felicitó a los integrantes de su equipo, haciéndoles saber que estaba orgulloso de ser partícipe de un grupo humano que sobresalía por su profesionalismo.

Algunas horas después, Nigel concurrió a la sala donde estaba don Ángel. Lo encontró dormido y acompañado de Elvira, su esposa.

—Buenas tardes, señora, ¿cómo está usted? ¿Cómo se encuentra su marido?

—Bien, doctor —respondió ella, mientras miraba a su esposo con un evidente semblante de preocupación—. Todavía no ha recobrado totalmente la conciencia, está en un estado de somnolencia.

—No se preocupe, señora, es normal: aún se encuentra bajo el efecto de la anestesia. En las próximas horas verá cómo, lentamente, se irá reponiendo.

—Dios lo oiga, doctor.

De nuevo, en ese momento, Nigel tuvo la misma sensación de vacío en el estómago que había sentido cuando don Ángel le expresó su total confianza.

Se retiró de la habitación, repasando las indicaciones que debía anotar en la historia y las pautas que debía marcarle a la *nurse* de turno.

Mientras conducía hacia su casa, su mente se extravió de nuevo mientras admiraba el hermoso panorama de los árboles que cubrían el paso de los vehículos a cada lado de la ruta. En sus pensamientos giraban incesantemente las palabras de don Ángel acerca de la confianza que depositaba en él.

Otra vez se cuestionaba: "No entiendo qué me sucede, a esta altura de la vida caer en sentimentalismos y flaquezas. Hace muchos años que ejerzo esta profesión; debería sentirme cada vez más seguro de mí, y debería dominar fácilmente el afecto por los pacientes que trato".

El recuerdo de la elección de su carrera se revivía en su mente al caer en estos cuestionamientos. Desde adolescente tuvo claras sus dos grandes áreas de interés: las artes plásticas y la medicina. Cuando llegó el momento de tomar la decisión, estaba casi convencido de que debía estudiar en Bellas Artes. Su madre lo apoyó en la elección, pues entendía que su hijo debía dedicarse a lo que fuera de su mayor interés, lo que lo colmara como ser humano (aunque guardaba en silencio sus dudas respecto a la posibilidad de sustentarse a través de la pintura). Pero su padre, con su habitual enfoque pragmático, fue categórico al demostrarle que no tendría futuro como artista plástico.

A Nigel le molestaba la intransigencia de su padre: él ya había demostrado tener cualidades para la pintura, tal vez heredadas de su abuela paterna, quien había pintado una importante cantidad de cuadros. Parte de esa producción plástica había sido conservada por Nigel, puesto que él admiraba profundamente su obra.

Finalmente, se convirtió en un excelente médico y un pintor frustrado. Realizaba dibujos casi a escondidas, en los escasos ratos de ocio solitario en los que podía dar rienda suelta a su creatividad, expresando sus sentimientos sobre cualquier hoja de papel que tuviera a la mano.

En los momentos en que podía dibujar y, excepcionalmente, pintar, sentía una libertad que no lograba con ninguna otra actividad. Allí su alma volaba libre, perdiéndose en la infinita profundidad de su pensamiento y sentimiento creativo; todo eso podía atisbarse a través de esa pequeña ventana hecha de una hoja de papel o un trozo de tela. Esas ventanas hacia otros mundos reflejaban desde figuras abstractas hasta retratos de escenas u objetos de la vida cotidiana.

Sus obras quedaban en su mayoría inconclusas, tal vez porque removían capas que mantenían presos a algunos sentimientos que, cuando emergían, no siempre generaban buenas sensaciones. Incluso, en ciertas oportunidades, cayó en pozos depresivos al atreverse a hurgar en recónditos precipicios de su ser.

Una vez que la obra llegaba a un punto en que Nigel no seguiría trabajando en ella —ya fuera por falta de tiempo, o porque convenía dejar aprisionados a aquellos demonios, no fuera demasiado tarde para volver a encerrarlos en sus celdas de trabas sicológicas—, era almacenada en una carpeta. Nigel la escondía en uno de los estantes más bajos y profundos de su biblioteca, sostenida por unos libros que a nadie jamás se le ocurriría leer o consultar. Dado su contenido, esa carpeta era una especie de llave que abría la puerta hacia su ser interior, su absoluta intimidad, sus locuras, sus miedos, sus alegrías. Él no quería que nadie franqueara esa puerta, tal vez por temor al ridículo, o a que pudieran llegar a conocer sus aspectos más vulnerables para utilizarlos en su contra. Solo Claudia, su esposa, pudo alguna vez ser testigo de unas pocas piezas de su arte, que Nigel le mostró con cierta avidez por la opinión que ella le pudiera dar sobre su talento creativo. Las respuestas que consiguió siempre fueron más o menos las mismas: una expresión tibia de su rostro, casi inexpresiva, acompañada de frases poco significativas o desalentadoras como "Te quedó lindo" o "No sé cómo obtienes tiempo para hacer estas cosas".

Por eso, las últimas obras sí eran absolutamente privadas, nadie las había visto, y Nigel no tenía ninguna intención de que se conocieran. A no ser por alguno de sus hijos, si es que algún día llegaba a convertirse en padre. Lo que era su intención: no tenía motivos para no hacerlo, más allá de las muchas horas de trabajo; llegado el caso, podría disminuirlas para pasar el tiempo que fuera necesario con sus hijos, y sin que esto afectara demasiado a su economía. Pero el motivo que demoraba el aumento en el número de integrantes de la familia eran las necesidades profesionales de su esposa. Según ella, todavía no era el momento indicado, pues su carrera se encontraba en franco ascenso, con un futuro muy promisorio en cuanto al desarrollo de su experiencia profesional. Hacía menos de un año que se había convertido en una de las socias del importante estudio donde trabajaba: había demostrado claramente ser una de las mejores economistas del medio. Nigel respetaba la decisión de su esposa por entender que su posición era razonable, así que no insistía sobre el tema.

El médico complementaba sus actividades como pintor aficionado con visitas a los museos de arte y el estudio de las obras y biografías de los grandes maestros de la pintura. Tenía particular fascinación por la obra de Hieronymus Bosch, *el Bosco*. Podía pasar largo tiempo admirando sus obras; le transmitían una fuerte carga emocional y, en algunos casos, sentía que se transportaba en el tiempo hasta la época en que vivió el artista. Le atraía el refinamiento y el nivel de detalle con que describía escenas enigmáticas. Esa idea constante de plasmar, sea explícitamente o a través de simbolismos, temas relacionados con el cielo y el infierno, el pecado, la locura, el juicio y la persecución de lo prohibido. Siempre que Nigel admiraba las obras de ese artista, se hacía las mismas preguntas. ¿Qué pensamientos pasaban por su mente? ¿Vivía atormentado por sus ideas? ¿Tendría visiones de otros mundos, o las imágenes serían fruto de su imaginación? ¿Qué era lo que ese hombre realmente sentía al pintar? ¿Lo hacía con absoluta libertad o, así como Nigel, mantenía presos a sus demonios por temor a que fuese señalado y criticado?

Luego de haber conducido por varios minutos, Nigel llegó a su casa, que parecía un palacio de estilo moderno en pequeña escala: tres plantas bien distribuidas, con excelente luz natural gracias a sus grandes ventanales hacia el sur y una muy cuidada decoración en todos los ambientes.

Claudia había sido quien se ocupó de darle seguimiento a la construcción de la casa, su decorado y equipamiento completo. Sin lugar a dudas era una mujer sofisticada y de buen gusto, no solo por sus aptitudes para el diseño arquitectónico, sino también por sus modales y su forma de vestir. Provenía de una familia acaudalada: hacía honor a la tradición familiar de refinamiento social y cultural.

Nigel estacionó su *ocupé* italiana de un sobrio gris metalizado. Él amaba ese automóvil por sus prestaciones; en particular, le fascinaba el sistema de supresión de ruidos. Gracias a esa sofisticación, podía aislarse dentro de su coche para lograr un momento de calma en el bullicio de la ciudad.

Descendió del automóvil que había quedado bajo un esplendoroso pórtico (que descansaba sobre hermosas columnas de mármol blanco) para dirigirse hacia la puerta principal de su residencia. Entró en la casa y, tras cerrar la puerta, arrojó el maletín y las llaves sobre el sillón que se encontraba a un lado del recibidor. Colgó su saco azul en el perchero de madera escondido tras la puerta y, con las pocas energías que le quedaban, saludó.

—¡Hola, llegué! ¿ Hay alguien en casa?

Su mujer se encontraba sentada frente al computador, dándole los últimos toques a un informe de inversiones que debía presentar al día siguiente en su trabajo. Al escuchar a Nigel, contestó:

—¡Estoy en el estudio, mi amor, estoy terminando algo, ya voy!

—¡Te espero! —contestó él mientras murmuraba—: A fin de cuentas, no sé quien trabaja más de los dos, al menos yo no traigo los pacientes a casa.

Claudia le solicitó a la mucama que fuera sirviendo la mesa, mientras ella trataba de ganar algunos minutos para terminar de enviar unos correos relacionados con el informe que ya había terminado.

—Disculpe, señor —la mucama trató de llamar la atención de Nigel, quien dormitaba sentado en el sofá de la sala. Al escucharla, se sobresaltó.

—Sí, Elena, me he quedado dormido, ¿qué sucede? —preguntó mientras se incorporaba en el sillón.

—Discúlpeme usted, señor, quería avisarle que ya está servida la cena y su esposa lo espera.

—Gracias, Elena —contestó, al tiempo que se levantaba para dirigirse al comedor. Allí lo esperaba Claudia con una sonrisa y una copa de cristal en la mano: una generosa cantidad de uno de los vinos preferidos de su esposo, el Pinot Noir.

—Hola, mi amor, ¿cómo estuvo tu día? —le preguntó ella, tras entregarle la copa acompañada de un beso en los labios.

—Bien, como siempre, un poco ajetreado —repuso con poco convencimiento. Sabía que no había sido un día como cualquiera, con tantos sentimientos que se habían movilizado en su interior (tal vez como nunca antes).

Bebió un largo trago de vino, casi sin saborearlo, mientras trataba de relajarse y ahogar, al menos por un rato, los pesares del día. Cuando terminó de beber inspiró profundamente. Se dio cuenta de que era un verdadero sacrilegio perder el placer de saborear un buen vino; consciente de ello, permitió que el segundo sorbo fuese más moderado. Así, se dejó llevar por el aroma y el sabor de aquel excelente vino que transportaba la esencia de frutos rojos y madera.

La cena transcurrió como de costumbre, con largos silencios, sin mucho para comentar. Esto hacía que Nigel se sintiera un tanto incómodo, ya que él prefería mantener una comunicación más fluida con su mujer y, en general, con todo aquel que se encontrara dentro de su círculo más íntimo. Un círculo más que reducido, ya que su profesión casi no le dejaba tiempo para interactuar con sus seres queridos.

Luego de cenar, Nigel se dirigió directo a la cama y logró conciliar el sueño fácilmente. Apenas apoyó su cabeza sobre la suave almohada, sintió que esta lo arrastraba hacia un sueño profundo.

Durante la noche soñó. Se veía a sí mismo en un lugar de gran luminosidad. Parecía un templo, las paredes eran más que blancas, ya que irradiaban una intensa luz que iluminaba todo el lugar. Se encontraba sentado al lado de una mesa, encima de la cual había rollos de papel, como los papiros que utilizaban los egipcios en la época de los faraones. Parado a su lado, estaba un hombre. Vestía, al igual que él, una toga blanca. Este hombre era esbelto, su presencia irradiaba algo especial; estar a su lado transmitía un estado de paz indescriptible. Nigel sentía que este ser le estaba dando enseñanzas profundas; le parecía estar aprendiendo con gran avidez, como si la necesidad por adquirir esa sabiduría fuera incontenible.

Sonó el despertador y Nigel nuevamente tomó conciencia de sí. Abrió los ojos, pero aún podía sentir la sensación de estar en aquel templo mágico. Lamentó que aquel hermoso sueño hubiera finalizado: nunca antes había tenido uno de esas características.

"Habrá sido causado por la comida o el vino", se decía. "Seguro algo me cayó pesado y eso me hizo tener ese sueño…".

Nigel conocía poco acerca de los sueños. En la universidad no había estudiado mucho sobre ese tema, pues era algo más relacionado con la psicología que con la medicina.

Se incorporó de un brinco; tras unos pasos se zambulló en la ducha, que siempre finalizaba con un fuerte chorro de agua fría sobre la cabeza. Esta era una práctica que llevaba a cabo desde sus años de internado, mientras realizaba las prácticas de su especialidad; lo hacía para despejarse y estar más alerta para tratar los temas que el día le deparaba.

Llegó al hospital sobre las siete de la mañana y se dirigió a la enfermería del tercer piso.

—Buen día, Chantal.

—Buen día, doctor, ¿cómo está usted?

—Bien, gracias. ¿Alguna novedad?

—Sí, el paciente de la 311 tuvo una noche complicada, ha estado dolorido —le comentó la *nurse* mientras le entregaba la historia clínica de don Ángel.

—Muy bien, ahora lo voy a visitar —dijo Nigel, tratando de manejar el nerviosismo que sentía por tratarse de su paciente predilecto. Revisó las últimas notas de la historia clínica y se dirigió a la habitación de don Ángel.

Al entrar, lo encontró dormitando. En su cara se atisbaba una mueca de molestia, seguramente producto del dolor que sentía.

Al lado de la cama, estaba sentado un hombre que Nigel nunca antes había visto. En sus manos, sostenía un libro de aspecto muy antiguo; se podía ver que las hojas eran gruesas y que el texto no estaba compuesto por letras del alfabeto occidental. Eran símbolos desconocidos para Nigel.

El hombre, al percatarse de la presencia del médico, cerró el libro y lo apoyó cuidadosamente sobre la mesa de noche. Luego, levantó la mirada y posó sus ojos sobre los de Nigel.

Los ojos del extraño eran de una profundidad inconmensurable. Parecía que el mismo universo se encontraba detrás de esa mirada. Nigel sintió una extraña sensación de familiaridad, como si conociera al extraño.

—Buen día —susurró Nigel, mientras trataba de recordar de dónde conocía a ese hombre.

—Buen día, doctor —le dijo él, a su vez. Su voz era tan profunda como su mirada.

—Perdón, ¿el señor es...? —dejó Nigel flotando la pregunta para que el extraño la respondiera.

—Permítame presentarme. Soy Simon Kruskal, pertenezco al servicio de acompañantes que contrató la esposa de don Ángel —dijo al tiempo que lo saludaba con un apretón de manos que hizo sentir a Nigel una indescriptible sensación. Era como si ese extraño le hubiera transmitido una especie de descarga energética que recorrió todo su cuerpo.

—¿Y doña Elvira? —preguntó Nigel, al notar que el hombre era el único acompañante en la habitación.

—Ella tuvo que ausentarse, pasó toda la noche cuidando a don Ángel y salió a atender algunos asuntos.

—Bien, entiendo, no es fácil manejar el día a día cuando hay un enfermo en la familia —comentó Nigel mientras se disponía a revisar a don Ángel. Despertó a su paciente exclamando:

—¡Don Ángel, buen día!, ¿cómo se siente hoy?

Don Ángel demoró algunos segundos en abrir los ojos; se acomodó lentamente en la cama y respondió con voz apagada:

—Sigo dolorido, doctor, me quiero ir a casa.

—Bueno, no se preocupe, pronto estará de regreso en su hogar. Ahora le vamos a dar unos calmantes para que no esté dolorido.

—Gracias, doctor —respondió don Ángel, con un tono de voz aún más fatigado, mientras volvía a cerrar los ojos.

Nigel saludó al extraño y nuevamente dirigió su mirada al libro que estaba sobre la mesa de noche. La curiosidad lo carcomía: ese hombre y su libro le habían llamado poderosamente la atención. El doctor estaba acostumbrado a sentir el impulso de hojear cualquier libro que se le cruzara —la lectura era otra de sus pasiones—, pero esta vez no se atrevió a preguntarle al extraño acerca del libro. No quería parecer atrevido o descortés con alguien que acababa de conocer y que, por algún motivo, le producía esa extraña sensación de *déjà vu* que no había podido resolver.

El día transcurrió como de costumbre para Nigel: realizó tres intervenciones quirúrgicas, una de ellas de urgencia, y dos de sus pacientes fueron dados de alta. Esto le producía regocijo, pues sentía que su labor había sido cumplida cabalmente en el momento en que sus pacientes abandonaban el hospital.

Antes de retirarse, se dirigió a la sala de don Ángel. Al llegar lo encontró despierto, de buen semblante, conversando alegremente con el extraño que todavía seguía allí. Nigel se asombró, por esto y por la mejoría de su paciente.

—¡Muy buenas noches! —exclamó Nigel con alegría al ver que su paciente había tenido una evidente recuperación.

—Buenas noches, doctor —respondió don Ángel—, ¿cómo está usted?

—Muy bien, ahora que lo veo tan bien a usted. ¿Cómo ha pasado? ¿Sigue dolorido?

—No, doctor, estoy muy bien. Incluso hace un rato, mi amigo Simon me ayudó a levantarme, y hasta caminé algunos pasos.

—Bueno, bueno... ¡parece que en cualquier momento se fuga del hospital, voy a tener que pedirle a las enfermeras que lo vigilen más de cerca! —Con estas palabras, Nigel terminó de propiciar la risa de su paciente, que se contagió inmediatamente a todos los que se encontraban allí.

—Y usted, Simon, ¿trabaja en horario extendido? —preguntó Nigel con una cordial sonrisa.

—No, doctor, en la tarde me relevó doña Elvira, y ahora nuevamente volví para acompañar a don Ángel.

—Qué coincidencia que le haya tocado nuevamente don Ángel, ¿no?

—En realidad tratamos de mantener los mismos acompañantes, para que se establezca cierta familiaridad con los pacientes. Entendemos que eso es beneficioso para ellos.

—Me parece muy razonable —contestó Nigel, mientras se disponía a buscar con su mirada el libro que horas antes le había llamado la atención.

—¿Que busca, doctor? —preguntó Simon, pues la curiosidad de Nigel no había pasado desapercibida.

Por unos instantes, Nigel titubeó, pero en ese momento prefirió ser franco.

—Sinceramente, le confieso que soy aficionado a la lectura. Solo con ver a alguien leyendo un libro, me basta para que me interese saber de qué trata.

"Hoy en la mañana, noté que usted leía un libro antiguo, que llamó poderosamente mi atención. En ese momento no me atreví a preguntarle de qué se trataba. Y ahora, casi instintivamente lo estaba buscando...

—Entiendo, doctor, a mí me pasa algo similar. A pesar de haber leído muchos libros a lo largo de los años, cada día que pasa mi sed de lectura va en aumento. Lamentablemente en este momento no lo tengo conmigo —comentó—. Pero no faltará oportunidad para que se lo muestre y pueda al menos leer alguno de sus párrafos.

—Qué lástima —contestó Nigel—, realmente me causó mucha curiosidad. En particular porque noté que estaba escrito en otro lenguaje, ¿no es así?

—Veo, doctor que es usted muy observador. Sí, está escrito en un lenguaje muy antiguo.

—Vaya, ¿en qué lenguaje?

—Sánscrito.

—¿En sánscrito? —preguntó Nigel, con la misma cara de asombro que tienen los niños al descubrir algo nuevo.

Recordó que Albert Einstein, un científico por el que él sentía profundo respeto, había estudiado sánscrito tiempo antes de morir.

—Sí, es una lengua arcaica, tal vez la más vieja. Me interesé por ella al estudiar antiguas escrituras.

—Realmente, es la primera vez que conozco en persona a alguien que lea una lengua tan antigua. Me parece fascinante —comentó Nigel con la misma cara de sorpresa que ya no intentaba ocultar.

—Mi amigo Simon —acotó don Ángel— es un verdadero erudito. En las pocas horas que hemos conversado, me ha hecho sentir que estoy dialogando con un sabio.

—Bueno, realmente no se me ocurre una mejor compañía que la de un sabio —expresó Nigel.

—No es para tanto —trató de restarse importancia el extraño—. Es que para servir adecuadamente, es necesario hablar de distintos temas, sobre todo de aquellos que son de mayor interés para los pacientes que debemos acompañar.

Nigel miró la hora por cortesía, para permitirse interrumpir la conversación adecuadamente.

—Disculpen, señores, debo abandonarlos. Simon, por favor cuide bien a don Ángel. Y sobre todo, háblele de algo que le produzca sueño, así descansa.

—No se preocupe, doctor. Descanse usted también, que lo necesita.

El comentario del hombre acerca del descanso llamó la atención de Nigel, pero lo desestimó enseguida ya que todo lo que él decía, de una forma u otra, terminaba por sorprenderlo. Después de todo, seguramente no era para tanto: a esa altura del día, su cara estaría evidenciando su verdadero cansancio. Cualquiera que lo viera podría notarlo.

Como cada día, Nigel cumplió con la rutina de retornar a su hogar. Esta vez, durante la cena, la conversación con su esposa se centró en torno al extraño que había conocido en el hospital.

Claudia atendió a la narración de su marido, más por cumplido que por interés en el tema, pues ella prefería hablar de otros tópicos como economía y política. Sin embargo, le agradaba ver a su marido hablando con la expresión de interés y asombro que tenía en ese momento.

—Mi amor, disculpa que te interrumpa, pero no has probado bocado y yo casi terminé. ¿No vas a comer?, ¿no tienes hambre?

—Oh... sí, realmente no me percaté, me imagino que a estas alturas ya debes estar aburrida de escucharme.

—No, amor, tú sabes que me encanta escucharte hablar acerca de los temas que a ti te gustan.

—Entiendo, son temas que "a mí me gustan". Eso quiere decir que no te interesan tanto. Disculpa, me dejé llevar. A veces me comporto como un niño.

—No tienes por qué disculparte. Te lo reitero, me encanta escucharte hablar de esa forma.

—Bueno, ya es tarde, mejor vamos a dormir que mañana hay que madrugar. —De esa forma, Nigel cerró abruptamente la conversación, mientras arrojaba la servilleta al lado del plato que casi no había tocado. Fue como si buscara censurarse a sí mismo, recordar que sus obligaciones y la rutina diaria lo aguardaban inexorablemente.

Esa noche, Nigel nuevamente soñó. Esta vez se encontraba en un bosque a orillas de un lago de aspecto mágico. Parecía un gran espejo; reflejaba el esplendor de un límpido cielo celeste, surcado por hermosas aves de colores vívidos.

Mientras observaba los hermosos árboles de grandes troncos y espléndido follaje, sintió que alguien se acercaba.

Se dio vuelta y con sorpresa vio que se trataba de don Ángel.

Inmediatamente se dieron un afectuoso abrazo. Mientras se abrazaban, Nigel sintió una sensación muy especial, parecía como si se tratara de un reencuentro esperado por años.

Luego del abrazo, don Ángel tomó un poco de distancia, la suficiente como para mirarlo a los ojos. Con una amplia sonrisa, mientras apoyaba su mano sobre el hombro de Nigel, le dijo:

—Sabes que siento especial afecto por ti, ¿verdad?

—Bueno, sí, don Ángel, yo confieso que también le tengo un profundo cariño. No suelo tener un sentimiento así con ninguno de mis pacientes.

—Sé que es así, lo noté antes, y ahora lo tengo claro.

Don Ángel tomó a Nigel del brazo y con un gesto lo invitó a caminar por la orilla del espléndido lago. Luego de algunos pasos, retomó la conversación.

—Quiero que tengas presente que las cosas suceden porque son necesarias, a pesar de que nos parezcan que van en contra de lo que debería ser, según nuestra forma de ver las cosas. Y que en la vida, todo pasa... todo llega.

—No entiendo, don Ángel, ¿por qué me dice eso?

—Ya verás, no quiero adelantarme. Simplemente quiero que tengas confianza, y que en los momentos difíciles recuerdes esta conversación.

Nigel seguía sin entender, pero algo le decía que las palabras de don Ángel le serían de ayuda, y que debía recordarlas.

En ese momento sonó su teléfono celular; Nigel sintió como si le arrancaran abruptamente de la compañía de su amigo.

"¡Maldición!", pensó. Sabía que se trataba de una urgencia del hospital.

—¿Sí? —contestó el teléfono, mientras se incorporaba en la cama.

—Buenas noches, doctor, habla Chantal. Disculpe que lo despierte, pero se trata de don Ángel.

En ese momento, el escalofrío que recorrió su espalda le hizo moverse hacia donde tenía la ropa, para poder vestirse de inmediato.

—¿Qué sucede, Chantal?

—No sé, doctor, estaba todo bien pero hace unos minutos tuvo una crisis y ahora está en coma. En este momento lo está tratando el intensivista de guardia, y lo van a trasladar al CTI.

—Ya salgo para ahí.

Sin pensarlo, saltó de la cama, se puso los pantalones al tiempo que se calzaba los zapatos embutiendo con fuerza sus pies dentro de ellos. Corrió por las escaleras mientras terminaba de ponerse la manga de la camisa y, en algunos saltos, terminó de abrocharse el cinturón justo cuando estaba llegando al automóvil.

En ese momento, su esposa —que no había tenido oportunidad de despertarse por completo— abrió la ventana del dormitorio que daba al frente de la casa, y alcanzó a preguntarle: —¿Que pasó, mi amor?

Nigel contestó mientras ponía el coche en marcha.

—Nada, una emergencia, no te preocupes, sigue durmiendo, luego te llamo.

A pesar de recorrer el camino al hospital en menos de la mitad del tiempo que hacía habitualmente, el viaje se hizo eterno. Parecía que el hospital se alejaba de él. Trataba de calmarse y de convencerse de que el comportamiento que estaba teniendo no era normal. Era como si, en lugar de tratarse de un paciente, se tratara de un familiar directo.

Se dirigió al CTI; el intensivista a cargo estaba conversando con una enfermera al final del pasillo. Cuando vio que Nigel se aproximaba, movió la cabeza hacia los laterales y cerró brevemente los ojos.

Mientras le estrechaba la mano, el intensivista con voz queda dijo: —Nigel, no se pudo hacer nada, entró en coma y se nos fue pocos minutos después de llegar aquí.

Nigel sintió como si le hubieran desgarrado el alma; en ese momento lo llenó un vacío interior que se complementaba con un vacío exterior. Le pareció que era el único ser humano en el mundo.   .

El silencio fue quebrado por un leve zumbido en el oído que desencadenó un cúmulo de preguntas.

¿Qué podía hacer él ahora por su paciente? Nada.

¿Si él hubiera estado allí, hubiera sucedido lo mismo? Nadie podía responder a esa pregunta.

¿Habrían hecho sus compañeros todo lo posible por salvarlo, o sus esfuerzos flaquearon al ver que solo se trataba de un viejo que ya había vivido su vida? "Sí, sin duda que sí", pensó Nigel, para luego darse cuenta de que no podía afirmarlo con tanta seguridad. Sabía que era una práctica común, aunque nunca admitida, que los esfuerzos para mantener con vida a pacientes terminales o ancianos eran menores a los destinados a personas jóvenes con chance de salir con vida del hospital.

¿Valía la pena preguntar a su colega hasta el último detalle técnico de lo que se había hecho? No en ese momento, pero seguramente después trataría de determinar exactamente la causa que había llevado a su querido paciente a la muerte. Los cuestionamientos nocivos que abrumaban la mente de Nigel fueron interrumpidos por la voz de su colega.

—¡Nigel! ¡Nigel! Hombre, ¿qué te sucede, te sientes bien?

—Sí, estoy bien, no sé que me pasó.

—Bueno, hay que darle la noticia a los familiares, ¿lo haces tú?

Nuevamente, el silencio.

—Nigel, por favor contéstame.

—Sí, yo se lo digo a la esposa.

—Muy bien, y lo siento. Me comentaron que tenías una relación especial con este paciente.

—Sí —respondió escuetamente Nigel, mientras permanecía inmóvil con la mirada extraviada en una fría pared cubierta de pequeños azulejos blancos.

—Vamos, vamos. Esto suele pasar, ya sabes —le dijo su compañero mientras le daba un par de palmadas en la espalda que le ayudaron a tomar conciencia nuevamente.

Nigel se dirigió lentamente hacia el tercer piso, a la sala de espera, donde él sabía que seguramente aguardaría doña Elvira. A cada paso que daba, se le hacía más difícil encontrar las palabras justas para comunicar la mala noticia a la esposa de su amigo.

Don Ángel había emigrado de su Asturias natal hacia Uruguay a finales de la década de 1930, una época en que España se encontraba pasando por un difícil momento. En esos tiempos, muchos europeos emigraban hacia América en busca de mejores oportunidades de vida, escapando de los problemas políticos, sociales y económicos a los que tenían que enfrentarse a diario.

Era aún un niño cuando se subió junto con su familia al barco que lo llevaría a Montevideo. Fue en esa ciudad donde años más tarde conocería a Elvira y con la cual formaría una familia numerosa.

Los años transcurrieron y sus ocho hijos se convirtieron en hombres y mujeres que formaron, a su vez, sus propias familias.

Como una ironía del destino, la situación en Uruguay dejó de ser tan auspiciosa y comenzaron a presentarse algunos de los mismos problemas que don Ángel había atestiguado en la España que lo vio nacer. Esto ya no los afectaba tanto: para entonces, doña Elvira y don Ángel se habían retirado. Durante los años de trabajo, lograron reunir el dinero suficiente para comprar una casa espaciosa frente a una gran plaza. Un lugar ideal para disfrutar a sus nietos, ya que solo bastaba franquear la calle Morales para que los pequeños pudieran divertirse jugando en la amplitud de aquella plaza. No contaba con juegos para niños, pero tenía buenos lugares para jugar a las escondidas; también largos senderos para pasear en bicicleta entre los árboles o en torno al voluminoso monumento a Fructuoso Rivera, que le daba su nombre a la plaza misma.

Cuando sus hijos comenzaron a emigrar, doña Elvira y don Ángel ya no se sentían tan contentos con sus vidas: la distancia que los separaba de sus seres queridos era demasiado peso para ellos. El único hijo que había optado por permanecer en el país, cerca desde lo geográfico, era paradójicamente el que guardaba mayor distancia en la relación con sus padres.

Todos los meses les llegaban cartas de los otros hijos, los que se habían radicado en el extranjero. Dos de ellos habían partido hacia Australia; la menor de las hijas estaba en Argentina; la mayor en Chile, y el resto de los "aventureros" —como don Ángel llamaba a sus hijos emigrantes— se habían radicado en España y Francia.

A pesar de los años sobre sus espaldas, se cargaron del suficiente ánimo para aceptar la invitación de pasar un tiempo con los hijos y nietos que se encontraban en Europa. Se hospedaron un mes en la casa de cada uno de los dos hijos que vivían en España. Durante ese tiempo, don Ángel aprovechó la oportunidad para visitar Asturias, naturalmente; a pesar del largo tiempo que había transcurrido, pudo recordar momentos de su infancia, en su mayoría agradables.

Luego se trasladaron a un suburbio a 50 kilómetros del centro de París, donde vivía Jorge —uno de sus hijos predilectos— con su esposa y tres niños nacidos en esa misma ciudad. Cuando llegaron, se encontraron con la sorpresa de que Jorge había preparado todo para que sus padres se quedaran a vivir con ellos. Apenas llegados, sus nietos les expresaron la enorme alegría que tenían por saber que sus abuelos paternos se venían a instalar.

Jorge tenía un buen empleo en una importante empresa de telecomunicaciones de Francia y, gracias a esto, podía costear el alquiler de una casa hermosa y acogedora que se encontraba a unos pocos cientos de metros de su hogar. No quería que su esposa se sintiera incómoda, y también sabía que sus padres se sentirían más a gusto en su propia casa, cerca de sus nietos, que compartiendo el mismo techo.

Ante esta situación, fue difícil para doña Elvira y don Ángel rechazar la invitación a quedarse. Pero don Ángel, para no crear falsas expectativas, aclaró que permanecerían con ellos por algún tiempo. Ese tiempo se extendió y, casi sin darse cuenta, terminaron por radicarse definitivamente allí; muy cerca de sus nietos franceses, y a pocas horas de automóvil de los descendientes que vivían en su España natal.

Luego de haber tomado por el recorrido de pasillos más largo posible —tal vez para ganar tiempo en la búsqueda de las mejores palabras que describieran la peor noticia que debía comunicar—, Nigel finalmente llegó hasta donde estaba doña Elvira. Ella se encontraba de pie junto a su hijo Jorge, quien a pesar de ser uno de los menores ya peinaba canas. Doña Elvira tenía el rostro bañado en lágrimas; en vano intentaba secarlas con un arrugado pañuelo que apretaba en una de sus manos. Vestía un saco gris, una sencilla pollera negra y un pequeño bolso de mano que la hacían verse aún más desdichada.

Nigel apresuró el paso para acelerar su encuentro con ella. Dobló un poco sus rodillas, para que su casi metro noventa de estatura no entorpeciera el apretado abrazo de contención que le iba a dar. Entonces ambos rompieron en llanto.

Esa fue la mejor forma que tuvo Nigel de comunicar el fallecimiento de su amigo: llorando, en silencio. Abrazando a la persona de quien, en su momento, don Ángel expresara: "Elvira es el amor de mi vida, he sido muy afortunado al haberla encontrado".

Más tarde, luego de regularizar el acta de defunción y ayudar a la viuda con los trámites hospitalarios necesarios para realizar el funeral, Nigel se dirigió a su casa.

Al llegar vio a su esposa que se disponía a partir rumbo a su trabajo.

—Hola, amor, ¡pero qué cara! ¿Qué sucede?

Nigel, con los ojos vidriosos, comentó lo sucedido a su esposa.

Ella lo abrazó y recostó la cabeza de su marido sobre su hombro, mientras acariciaba su cabello suavemente, con la punta de los dedos.

—Amor, no es la primera vez que sucede esto con uno de tus pacientes. Hasta ahora no te había visto tan afectado.

Sollozando, Nigel musitó:

—No sé por qué me está sucediendo esto, si lo supiera tal vez sabría cómo manejarlo.

—Ven, vamos al dormitorio, te hará bien dormir un poco para reponerte.

Claudia tomó del brazo a su marido y lo acompañó hasta el dormitorio. Él se recostó lenta pero pesadamente sobre la cama, mientras su esposa le levantaba las piernas y lo descalzaba. Ella lo cobijó y se despidió con una caricia, mientras lo besaba en la frente.

Luego, le solicitó a la mucama que prestara atención a su marido mientras ella se iba a trabajar. Pidió que la llamara por teléfono en el momento en que él despertara.

Transcurrieron algunas horas y Nigel durmió profundamente, pero esta vez no soñó.

La luminosidad del sol reflejada en el borde dorado de un alhajero que se encontraba sobre la cómoda lo despertó. Miró a su alrededor con la esperanza de encontrar algo distinto, con el fuerte deseo de que aquello se hubiera tratado de una pesadilla.

"No me puedo mentir, así es la vida", se dijo. Luego se incorporó lentamente, sentándose en el borde de la cama para mirar por la ventana el paisaje arbolado del entorno de su casa.

En aquel momento, recordó a aquellos pacientes que había perdido antes.

"Tal vez —se dijo— esto lo hubiera vivido una y otra vez, si hubiera tenido la oportunidad de conocerlos de la misma forma que llegué a conocer a don Ángel".

Se levantó y luego de darse una ducha, llamó al hospital y a su consultorio privado para avisar que tomaría el día libre. A pesar de contradecir las prácticas profesionales que sus mentores le habían inculcado, decidió dirigirse al cementerio para dar el último adiós a su amigo.

Al llegar se encontró con doña Elvira, que lo recibió con un afectuoso abrazo y un beso en la mejilla.

—Gracias —le dijo ella con dulzura—. Desde que lo conocimos, sabíamos que usted no era un médico más. En su forma de ser, en su mirada, en sus diálogos, se deja ver un calor humano poco común.

—Doña Elvira, para ser sincero, ese calor humano, como usted dice, en este momento me está haciendo dudar de muchas cosas. Entre ellas, de mi aptitud para ejercer la profesión que elegí.

—No, doctor, no diga eso, al contrario. Este mundo necesita muchos médicos como usted. Hizo bien en elegir esa profesión, y debería seguir ejerciéndola por muchos años más.

—Gracias, doña Elvira, es increíble que sea usted la que me esté reconfortando en este momento.

—Su sola presencia me reconforta a mí, doctor. A veces el silencio de los que acompañan en los momentos difíciles es mejor ayuda que las palabras de consuelo que puedan dar.

La ceremonia del sepelio fue corta y difícil para los que la presenciaban. En el momento en que el ataúd fue depositado en el fondo de la tumba, Nigel sabía que su amigo había cruzado una puerta que nunca más se volvería a abrir, y que no volvería a verlo nuevamente. Sin embargo, un sentimiento esperanzador, inexpresable a través de su intelecto, le hacía sentir que esto no sería así. Por un momento, dejándose llevar por eso, se sintió aliviado en su dolor.

Justo cuando los familiares y amigos arrojaban flores sobre la tumba recién cubierta, Nigel notó —extrañado, dada que era la época fría del año— la presencia de un colibrí de hermosos y vívidos colores que iba sobrevolando a los deudos.

Nigel y Elvira se retiraron por el sendero arbolado que llevaba a la parcela donde se había realizado la ceremonia. Caminaban lentamente, mirando hacia el piso al tiempo que los recuerdos inundaban sus mentes. Al llegar a la calle interior del cementerio, donde se encontraban estacionados los automóviles del cortejo fúnebre, se detuvieron en la marcha. Nigel pensó en ofrecerle a Elvira que le permitiera llevarla hasta su casa, pero se dio cuenta que estaba bien acompañada por sus familiares más cercanos. Ellos le darían adecuada contención, por lo que desistió del ofrecimiento.

—Espero que me vaya a visitar algún día, doña Elvira.

—Cómo no, doctor, lo mismo para usted: espero que algún día venga a mi casa, y allí podrá conocer a mis nietos.

—Será un placer, doña Elvira.

Luego de saludar, Nigel se dirigió hacia su automóvil. En el momento que estaba abriendo la puerta, levantó la mirada y vio a unos pocos metros al acompañante que tuvo don Ángel en sus últimos momentos.

Inmediatamente, Nigel levantó su mano en señal de saludo y se acercó unos pasos hacia donde se encontraba aquel singular hombre.

—Buenas tardes, doctor.

—¿Cómo le va... —hizo una pausa, mientras cerraba los ojos tratando de recordar el nombre.

—Simon —respondió el acompañante con una sonrisa.

—¿Cómo le va, Simon? Discúlpeme por no recordar su nombre.

—Bien, doctor, no se preocupe, es comprensible que con toda la gente que trata a diario sea difícil recordar tantos nombres.

—Simon, ¿usted vino al funeral de don Ángel o está aquí por casualidad?

—No, nada es casual, doctor, aunque a veces las cosas así lo parezcan. Pero más allá de eso, sí: vine por el funeral de don Ángel.

—Parece que entablaron amistad en el corto lapso de tiempo que compartieron.

—Sí, yo creo que entablamos una profunda amistad, y era mi deber estar aquí hoy para acompañar a mi amigo en este cambio.

—¿Cambio?

—Sí, cambio... ¿o cómo decirlo?... Digamos que es un *cambio de vestiduras.*

En ese momento, Nigel pensó: "Creo que este debe ser uno de esos predicadores pesados que ahora tratará de convencerme de que su religión es la única opción en esta vida".

—Ah, entiendo, entiendo —respondió Nigel mientras asentía con la cabeza, tratando de limitar la conversación.

—No, doctor, no entiende. Si entendiera, no estaríamos hablando de esto ahora —respondió tajantemente Simon.

Nigel pasó de intentar escapar de la conversación a tratar de comprender realmente lo que aquel hombre trataba de decirle. ¿Por qué hacía tanto hincapié en que él no entendía?, se preguntó.

—Vaya, Simon, realmente usted fomenta mucho mi curiosidad. Si no es con algún raro libro, es con algún comentario llamativo, seguramente nacido de alguna extraña idea.

Con un gesto amable, el hombre le expresó:

—Bueno, sucede que algunas ideas pueden parecernos extrañas, hasta que logramos comprender aquellas cosas que están más allá de lo aparentemente obvio. En general se trata de conceptos simples, pero a pesar de ello nos es difícil entenderlos.

—En este momento, Simon, creo que tengo disminuida la capacidad de compresión, sin importar la complejidad del concepto.

—Entiendo, doctor, ha sido un día de fuertes emociones y será mejor que descanse.

—Supongo que nos veremos en el hospital cuando vaya a cuidar a algún paciente.

—No tenga duda, doctor, pronto nos reencontraremos.

—Bueno, hasta pronto, Simon. —Se despidió del acompañante, junto con un fuerte apretón de manos.

Pasaron los días y Nigel lentamente intentó recuperarse de aquel sacudón emocional que lo mantuvo deprimido de una forma que nunca antes había experimentado. Sus días volvieron a la habitual rutina, atendiendo pacientes y compartiendo algunos ratos de ocio con su esposa (cada vez más preocupada por sus proyectos laborales y la realidad política y económica del país). Por momentos, se daba cuenta de que en su interior había quedado algo; entendía que aquel trago amargo había dejado huellas, pero todavía no lograba determinar de dónde provenía el dolor.

Una noche en que se sentía especialmente deprimido, Nigel se durmió con sus pensamientos centrados en los sucesos que había vivido últimamente, tratando de buscar un motivo, una causa.

Cuando despertó, percibió el olor y la frescura de la gramilla donde se encontraba acostado. Abrió lentamente los ojos y vio un cielo lleno de hermosas estrellas que lo iluminaban con su resplandor. Se incorporó y notó que se encontraba en el claro de un bosque; le llamó la atención la forma de los árboles del lugar: en su mayoría eran anchos, de cortezas gruesas y grandes raíces, parecían ser muy antiguos. Nigel percibió a esos árboles como ancianos que habían atestiguado millones de años de historia, y eran poseedores de una enorme sabiduría.

Respiró profundamente. El aire que entraba en sus pulmones era fresco y revitalizante. Comenzó a sentirse mucho mejor, hacía días que no respiraba de esa manera. La depresión lo tenía tan acorralado que simplemente se limitaba a pequeñas inhalaciones; no fue hasta este momento que notó cómo ese estado de ánimo lo estaba afectando físicamente.

A pesar de haber despertado en un lugar que no conocía, se sentía sereno. Había algo mágico allí que le daba la tranquilidad que había estado buscando en los últimos tiempos. Se desperezó y volvió a respirar profundamente; giró su cabeza hacia los lados, y sacudió sus brazos tratando de librarse de las contracturas.

Comenzó a recorrer con la mirada el entorno y no vio más que aquellos árboles tan singulares. Cerró entonces los ojos, para tratar de agudizar el oído; luego de unos instantes, comenzó a percibir los sonidos de aquel lugar. La brisa que acariciaba las hojas de los árboles, el croar de las ranas, el concierto que daban los grillos, y finalmente el silencio que envolvía a todos aquellos sonidos. Fue ese sonido el que más le costó aislar del resto, el del silencio.

De pronto, su atención se alejó del silencio debido a una voz que provenía de la espesura del bosque

—Buenas noches, Nigel, ¿cómo estás?

Se trataba de una voz familiar; en ese momento sintió como el corazón le palpitaba con más fuerza. Abrió los ojos y giró su cuerpo en dirección a la voz.

De entre los árboles surgió la figura de don Ángel. Tenía una paz en su mirada como nunca antes; su brillo se fijó en los ojos de Nigel. Con una sonrisa, le dijo: —Nigel, hombre, ¿ya no me saludas?

Nigel por un momento trató de ordenar en su mente la experiencia, pero de alguna manera se dejó llevar por sus sentimientos y corrió a abrazar a su amigo.

Con lágrimas que brotaban de sus ojos, mientras se abrazaban Nigel exclamó:

—¡Don Ángel, qué alegría! ¡No puedo creer que esté aquí conmigo!

—Créelo, Nigel, aquí me tienes.

—Pero, don Ángel, usted...

—Mejor dejemos de buscarle explicaciones a las cosas por el momento —le interrumpió don Ángel, mientras sonreía y apoyaba su mano sobre el hombro de Nigel—. Ven, acompáñame a caminar por este hermoso lugar.

Iniciaron su marcha por un sendero que se dibujaba sinuoso entre los árboles. La luz de la luna y las estrellas era tan potente que permitía ver claramente el camino que recorrían.

A poco de iniciada la caminata, don Ángel rompió el silencio.

—Nigel, entiendo que últimamente has sido tocado en tus fibras más íntimas, y que te encuentras bastante apesadumbrado. Creo que incluso por momentos no logras ver el sentido de tu vida.

Nigel demoró unos instantes en contestar.

—Sí, realmente en los últimos tiempos siento que me he convertido en una persona más susceptible a las cosas que me suceden, a las cosas que veo, al trato con la gente... Qué sé yo... En definitiva, estoy más receptivo a todo lo que me rodea.

—Bueno, en parte por eso estamos aquí conversando en este momento. He venido a darte algunos consejitos, si es que me lo permites.

—¡Por supuesto, don Ángel! —exclamó Nigel—. Cualquier consejo que usted pueda darme será bienvenido.

—Bien, entonces dime, ¿por qué crees que te está pasando todo esto?

Nigel hizo una pausa y suspirando le respondió.

—En algún momento pensé que era algún tipo de crisis relacionada con la edad, luego pensé que estaba pasando por un mal momento en mi profesión, y por último lo atribuí a los problemas que mi esposa y yo tenemos. Que, aunque nos resistamos a admitirlo, ambos sabemos que no estamos pasando por nuestro mejor momento.

—Mira, Nigel, la verdad es que gracias a los momentos de crisis, ya sean de índole personal, profesional, conyugal, o del ámbito que sea, es que nos es posible crecer. En general los humanos padecemos de la dependencia hacia las situaciones difíciles, conflictivas, dolorosas, ¿entiendes?

Nigel demoró unos breves instantes en contestar.

—Realmente no logro captar del todo el concepto.

—Sucede que tenemos la posibilidad de aprender a través de dos caminos. Uno es el camino que comúnmente transitamos: así como el agua recorre el camino que le brinda menor resistencia, de la misma manera, nosotros recorremos el camino que, en apariencia, nos ofrece menos dolor. Pero en realidad, termina siendo lo opuesto, y finalmente elegimos recorrer el camino de las lágrimas.

La fascinación de Nigel por las palabras de don Ángel se hacía evidente por la avidez con que sus sentidos captaban las ideas que su amigo trataba de transmitirle.

—Por otro lado, tenemos el camino que es difícil de encontrar y recorrer, pero que a la larga termina siendo el sendero que nos lleva a la felicidad. Es el camino del despertar de la conciencia.

"Aquel que transita por este camino, logra liberarse del sufrimiento, y se aleja del constante vaivén de atracción y aversión.

¿Acaso no te has puesto a pensar que habitualmente vivimos luchando para lograr estar en situaciones agradables y huir de las desagradables? Esa, esa es una lucha constante, de la cual muy pocos logran escapar.

—Sí, claro, —comentó Nigel—, es bastante obvio que cualquier ser humano siempre intentará sentirse a gusto con las cosas que tenga que realizar.

—No —replicó don Ángel—. Va más allá de lo obvio: los conceptos más profundos son tan obvios que ni siquiera nos detenemos un segundo a meditar acerca de ellos.

"Ten presente que este vaivén del que te hablo es constante. No me refiero simplemente a la búsqueda de lo placentero en cosas específicas como la comida, el lugar para ir de vacaciones o el color del nuevo traje para el casamiento del fin de semana. Es realmente un ir y venir constante... ¿o acaso no te ha sucedido que en un instante estás a gusto e inmediatamente después hay algo que te molesta?

—Bueno —dijo Nigel mientras hacía una pausa para buscar algún ejemplo—, en este momento no advierto en qué situaciones puede suceder.

—Sucede hasta en las situaciones más simples —explicó don Ángel—. Por ejemplo, en el caso del rechazo, cuando suena el despertador y te gustaría seguir durmiendo aunque sea unos minutos más.

"Cuando llegas de buen humor al trabajo y saludas, pero algún compañero no te mira con buena cara. Cuando alguien te paga una deuda y en ese preciso instante recuerdas que todavía alguien te sigue debiendo. Puede ser algo minúsculo, pero ya es suficiente para que tu mente te haga sentir un poco peor de lo que estabas unos instantes antes.

"También sucede hacia un sentimiento satisfactorio, como por ejemplo, cuando te enteras que te han eximido de un nuevo impuesto que creías debías pagar. O si te toca estar de guardia en las noches difíciles, pero te enteras que tendrás como compañero al médico que te inspira mayor confianza.

—Creo entender la idea, don Ángel. Es verdad, ahora que lo pienso: vivimos constantemente saltando entre aquello que nos agrada y lo que nos desagrada.

—Podrá variar el grado —agregó don Ángel—, pero esa oscilación de nuestra mente es constante, y en gran parte, es lo que no nos permite ser plenamente felices.

"Medita sobre ello, Nigel, y seguramente, si estás atento, cuando surjan esas olas mentales que nos hacen perder la calma, poseerás la habilidad de ser como una roca que queda momentáneamente sumergida por la ola, pero luego vuelve a surgir intacta.

—Por supuesto, don Ángel, estaré atento y haré lo posible para ser como esa roca.

—No hagas lo posible, Nigel: simplemente hazlo. Como suele ocurrir con las empresas en las que nos embarcamos en esta vida, si lo intentas, puede que no lo logres. En cambio, si te propones hacerlo cargándolo de intención, seguramente tendrás éxito.

Nigel asintió con la cabeza y guardó silencio. Ambos continuaron la marcha en silencio por algunos minutos, al tiempo que disfrutaban del espectáculo del conjunto de innumerables estrellas que brillaban sobre sus cabezas. Luego, don Ángel se detuvo, giró hacia Nigel y apoyó su mano derecha sobre el hombro de su amigo para hablarle.

—Nigel, tengo que dejarte por el momento. Ha sido un placer haber compartido esta caminata y esta conversación contigo.

Al ver que el diálogo con don Ángel estaba por llegar a su fin, Nigel sintió la profunda necesidad de expresarle el sentir que lo estaba atormentando últimamente.

—Don Ángel, antes de irse quiero pedirle disculpas.

—¿Disculpas? ¿Por qué debería yo disculparte?

—Por no haber estado con usted al momento de su partida. Eso me dolió mucho, y es un gran peso en mi conciencia que me acosa constantemente.

Don Ángel, con una sonrisa plena de afecto, le respondió:

—Nigel, no hay nada que disculpar, las cosas sucedieron como debían. Debes tener presente que al momento de mi partida, como tú le llamas, era necesario que no estuvieras allí.

—¿Por qué, don Ángel?

—Porque si tú hubieras estado a mi lado en ese momento habrías dificultado muchísimo mi acceso a este espléndido lugar, incluso tal vez ahora me habrías encontrado en otro plano de existencia.

"Por el momento no puedo explicártelo. Pero quiero que sepas que fue lo mejor para mí y, aunque no hayas sido consciente de ello, te agradezco enormemente la ayuda que me brindaste en ese momento.

—Don Ángel, el que está enormemente agradecido soy yo ¡no sabe el alivio que me producen sus palabras! Sin embargo, no logro entender por qué mi presencia podría haber dificultado su partida.

—Créeme, no es el momento de profundizar al respecto, solo puedo decirte que, cuando partimos, es bueno que lo hagamos con la mayor libertad. Si lo hacemos con ataduras emocionales, sicológicas o espirituales, puede que se nos dificulte el proceso que se produce luego de abandonar el cuerpo. Ahora solo puedo darte esa explicación. Pronto entenderás cabalmente lo que trato de decirte.

—Don Ángel, nuevamente le agradezco mucho todo lo que me ha dicho. Ha sido un gran placer haber mantenido esta conversación con usted, y espero que no sea la última.

—No te preocupes, ya tendremos oportunidad de seguir conversando —le contestó don Ángel con una sonrisa amable, y luego prosiguió—: Para terminar, quiero que sepas que pronto tendrás experiencias y encuentros poco comunes. Posiblemente por momentos te sentirás desorientado, pero estará bien, esas experiencias son para que recuerdes.

—¿Para que recuerde? —preguntó Nigel un tanto intrigado.

—Sí, para que recuerdes aquello que ya sabes, pero que la magia del tiempo te ha hecho olvidar.

—Por favor, don Ángel, este encuentro de por sí ya es una experiencia poco común.

Don Ángel rió.

—Es verdad, esto para ti es extraño, pero no te apresures. A su debido tiempo comprenderás: simplemente déjate llevar con confianza.

—Bueno, don Ángel, haré lo que usted dice y espero poder asimilar todo esto.

—Seguramente lo asimilarás, e incluso pronto el sorprendido seré yo.

Al momento que don Ángel terminaba de decir esas palabras, una ráfaga de viento levantó un remolino de hojas de árboles, y en ese remolino, don Ángel desapareció. Nigel miró en todas direcciones, pero no vio ni rastro de su amigo. De pronto se sintió muy cansado y buscó un lugar bajo uno de los árboles cercanos, se recostó y rápidamente quedó dormido.

Lentamente abrió los ojos y vio, en lugar del cielo estrellado, una difusa forma blanca. Se masajeó suavemente los ojos con las yemas de los dedos para así lograr una mejor visión. Tras volver a abrir los ojos, notó que se trataba del techo de su cuarto, y mirando a su alrededor comprobó que se encontraba acostado en su cama.

"Últimamente estoy teniendo sueños cada vez más extraños", se dijo mientras se desperezaba.

Recordó que los sueños son fácilmente olvidados al despertar, y por eso decidió registrarlo. Del cajón de su mesa de luz extrajo una libreta que utilizaba para tomar notas de los libros que se llevaba a la cama; en ella escribió, con lujo de detalles, el sueño que acababa de experimentar. Nigel no imaginaba que en esa misma libreta registraría muchas más experiencias inusuales.

La Vidente

Puesto que no hay nada tan secreto o tan oculto que no pueda ser revelado, todo depende del descubrimiento de aquellas cosas que manifiestan lo oculto.

Paracelso (1493—1541), físico y alquimista germano suizo.

Aquel jueves en la tarde, Nigel había concretado cita con unos amigos. Para evitar las demoras y aglomeraciones del tránsito, así como los problemas de estacionamiento, viajó en metro desde el hospital hasta una estación que se encontraba cerca del café donde habitualmente se reunía con ellos.

Al descender del metro, se dirigió hacia las escaleras de la estación de Odeón, desde donde saldría directo a una de las calles principales de París.

Como era habitual, Nigel utilizó una estación de metro distinta a la de la última vez que se había reunido con sus amigos. Tenía esta costumbre para variar el recorrido, pero además porque aprovechaba para caminar y despejarse luego de la jornada de trabajo, disfrutando la escena de las calles: la gente yendo y viniendo, las fachadas de algunas edificaciones que son obras de arte arquitectónicas, las plazas arboladas y sus monumentos, los barcos que se dejan transportar apaciblemente por el Sena, entre muchos otros atributos que Nigel valoraba de su ciudad.

Mientras subía las escaleras de la estación, buscó a los mendigos que se abrigan del frío en los pasillos laterales de la escalera principal; siempre que pasaba por allí se los quedaba observando. Le producía simpatía el hecho de que aquellos vagabundos estuvieran siempre acompañados por sus perros; tal vez ese sentimiento se debía a que a Nigel siempre le había simpatizado mucho "el mejor amigo del hombre", aunque no siempre sean tratados como amigos.

En su infancia había tenido a Mili, una pequeña perrita de pelaje negro y de raza indefinida que había sido su gran compañera de juegos. Ella le había regalado muchos momentos de felicidad y tan solo un momento de tristeza: cuando se encontraba estudiando en la universidad y se enteró de su muerte, siendo ella ya muy viejita.

A su esposa le agradaban los animales, pero prefería no tenerlos porque no podía dedicarles tiempo y también por su preocupación de que rompieran o ensuciaran el mobiliario. Respecto a ese tema, como a muchos otros, Nigel adoptaba un comportamiento bastante sumiso con su esposa, y por lo general siempre terminaba haciendo lo que ella quería. Esto le producía sentimientos encontrados, pues percibía que estaba sometido a la voluntad de Claudia, pero prefería esa sensación a las largas discusiones con ella. Sin embargo, en su trabajo, Nigel era un hombre de voluntad resuelta. Algunos de sus colegas, los que no lo conocían bien, intentaban imponerse a él, pues su carácter era apacible; terminaban por confundir amabilidad con debilidad. En muchos casos, Nigel tenía que ser grosero para dejar en claro que estaban ante un hombre de convicciones bien definidas y de voluntad indomable. Más de una vez, sus compañeros quedaban asombrados por la forma en que aquel hombre de carácter sereno podía convertirse en un tirano implacable cuando alguien trataba de atropellarlo. Los que lo conocían bien, le guardaban un profundo respeto porque era capaz de mantener total control en situaciones en que los demás perdían el rumbo y caían en la desesperación.

Al atravesar la puerta de la estación, tomó hacia la izquierda, por el bulevar Saint Germain, y allí notó que estaban realizando trabajos de reparación. Había una cuadrilla de varios hombres que vestían mameluco naranja y casco amarillo; los trabajos se encontraban en la fase de pavimentación de la calle y reconstrucción de la acera. En esa zona, es habitual que los trabajos en las calles se realicen ininterrumpidamente durante las veinticuatro horas, pues las vías céntricas de París deben quedar habilitadas lo antes posible para no causar embotellamientos ni molestias a quienes viven o trabajan en la zona. Nigel no tuvo más remedio que desviarse por una de las calles transversales.

Cada vez que caminaba por las calles de su ciudad, el médico no dejaba de observar, como si se tratara de un turista recién llegado, la belleza de la torre Eiffel. La iluminación que presentaba la torre le agradaba mucho, en particular el haz de luz que le habían instalado en los últimos tiempos, los destellos que se producían en toda la estructura a cada hora en punto. Esto último hacía que Nigel estuviera atento al reloj cuando caminaba por París. Por ello, se detuvo en la marcha y miró la hora: marcaba casi las siete de la tarde. Decidió permanecer donde estaba para aguardar el espectáculo de luces.

Luego de haber presenciado la danza de destellos de la torre, prosiguió en dirección hacia el café.

Tras unos cuantos pasos luego de reanudar la marcha, giró su cabeza hacia la izquierda para apreciar un escaparate del comercio por donde estaba pasando. Allí vio algo que llamó su atención, lo que hizo que se detuviera para aproximarse a la vidriera.

Se trataba de una cruz, con una forma poco habitual para él. Se dispuso a mirarla con detenimiento, pues sintió que había visto esa cruz en otro momento. Tan atrapado se sintió por aquel objeto, que tuvo que parpadear varias veces para dejar de observarlo. Luego recorrió el resto del escaparate y notó que había varios artículos poco comunes, entre ellos antiguos libros, imágenes sacras y cristales.

Levantó su mano izquierda y remangó su saco con la derecha para nuevamente consultar la hora en su sobrio reloj de esfera blanca, pulsera y aro gris claro con manecillas y detalles dorados, y de perfil tan delgado que la caja se confundía con la pulsera.

Aún faltaban varios minutos para la hora del encuentro con sus amigos, así que decidió hacer un poco de tiempo entrando a la tienda donde se encontraban aquellos objetos que llamaban su atención.

El comercio se encontraba en una antigua casa cuya parte delantera había sido levemente reformada para que pudiera montarse allí un local comercial. Los pisos eran de mármol, estaban un tanto gastados pero aún conservaban su coloración azulada original. Las paredes tenían finas terminaciones y los techos estaban exquisitamente trabajados con imágenes de querubines.

En el lugar no había nadie; solo él, parado frente a un mostrador que tenía un incensario del cual emanaba un perfume que le generaba una agradable sensación de armonía. La habitación se encontraba a media luz. El silencio se veía acariciado por una suave música de dulces flautas. Nigel sintió una profunda paz en aquel lugar; deseó que nadie viniera a atenderlo, para que ese momento de regocijo perdurara lo máximo posible.

Se mantuvo allí, parado en el centro de la habitación, con los ojos cerrados disfrutando de la atmósfera, hasta que decidió abrirlos cuando la música dejó de escucharse. Lentamente levantó la mirada y frente a él se encontraba una mujer. Al verla se sobresaltó, ya que pensó que no había nadie allí. Inmediatamente intentó disculparse con ella.

—Disculpe mi sorpresa, pero pensé que me encontraba solo.

—No te preocupes, soy yo quien debe pedirte disculpas por haberte asustado —respondió la mujer de larga cabellera de color castaño oscuro. Sus ojos eran anchos al igual que su sonrisa y su profunda mirada inspiraba paz, la misma que Nigel había sentido momentos antes.

—Ven, pasa por favor, acércate —lo invitó ella mientras le hacía un gesto con su mano para que Nigel se aproximara hacia el mostrador donde se encontraba.

Nigel camino algunos pasos acortando la distancia entre ellos.

—Dime, ¿en qué puedo ayudarte? —preguntó dulcemente la mujer.

Al estar más próximo a ella, Nigel pudo verla con más detenimiento. Su rostro demostraba que era una mujer joven, de unos treinta años; sin embargo, las manos eran de una persona mucho mayor, tal vez con el doble de la edad que acusaba su apariencia.

—No, no... Simplemente entré porque llamó mi atención el escaparate de este local —respondió tímidamente Nigel.

—Bien, puedes tomarte todo el tiempo que quieras para observar los objetos que encuentres aquí.

—Gracias. En particular me llamó la atención la cruz de madera que está en el centro del aparador.

—Ah, sí, la cruz de madera —dijo ella asintiendo con la cabeza y bajando levemente su mirada, tal vez porque intentaba recordar la historia de aquel objeto.

La mujer salió de detrás del mostrador y cruzó la habitación en dirección a la parte posterior del escaparate del local. Abrió una de las hojas de la puerta de acceso a la vitrina y, con sumo cuidado, extrajo la cruz. Luego volvió a posicionarse frente a Nigel, detrás del mostrador, trayendo entre sus manos aquella pieza. La depositó con suavidad sobre un cuadro de terciopelo púrpura que se encontraba sobre el mostrador, y lo deslizó para que quedara frente a Nigel.

—Se trata de la cruz Tau: sus orígenes se remontan al antiguo Egipto, en donde era utilizada como amuleto protector, aunque algunos aseguran que su origen es aún más antiguo. Existen varias referencias a ella en la Biblia; la utilizaba San Antonio y especialmente San Francisco de Asís.

"Debes notarla familiar porque probablemente la habrás visto en algún documental o libro que trate sobre la vida de alguno de los santos que la utilizaban.

—Es posible —comentó Nigel mientras observaba la cruz fijamente, pero con la mirada perdida, como si intentara recordar algo más sobre aquel símbolo.

—Vamos, tómala—. La mujer lo invitó a que tomara la cruz, extendiéndola hacia él.

Nigel puso la cruz en el centro de su palma derecha y apoyó la punta de los dedos de su mano izquierda sobre ella. Cerró sus ojos y en ese momento una imagen vino a su mente. Era la del rostro de un anciano de sonrisa amable, larga barba y cabellera blancas, y una profunda mirada.

Al recibir esa visión, abrió prontamente sus ojos mientras dejaba caer la cruz sobre el aparador.

—¿Te gustaría tenerla? —preguntó la mujer, que lo observaba detenidamente y había notado el cambio en las emociones de Nigel. Prefirió no preguntarle para que fuera él quien tomara la decisión de compartir o no lo que había sentido.

—No, no, ¿para qué querría yo una cruz como esa? —respondió él con tono desinteresado, sin hacer alusión alguna sobre lo que había visto.

—Tal vez te llama la atención porque es tiempo de que te reencuentres con ella.

—¿A qué te refieres?

—Se dice que cuando alguien se siente atraído por un objeto especial, como este, es porque necesita tenerlo en su poder. Ya sea porque lo necesitará por primera vez o porque debe volver a utilizarlo.

—Bueno, en mi caso sería porque voy a utilizarla por primera vez. Pero sinceramente no tengo idea de qué utilidad podría darle, más allá de usarla como ornamento.

La mujer miró fijamente a Nigel por algunos instantes y suspiró profundamente.

—Mira, voy a ser sincera contigo y a decirte lo que pienso. Ese objeto, como tú le llamas, te genera curiosidad porque te ha servido en otros tiempos: era una de las herramientas que utilizabas habitualmente.

—Ah... ¿sí? ¿Y cómo es eso? —preguntó Nigel con tono de incredulidad.

—Mira, sé que estás pasando por un momento difícil, puedo percibirlo. Pero no me pidas que te explique lo que te acabo de decir; simplemente tómalo con el escepticismo que aplicas a diario en tu trabajo, y en algún momento me dirás si estaba o no en lo cierto.

—Interesante —dijo Nigel, intentando demostrar desde el tono de voz y la postura que sus comentarios no le causaban curiosidad—. Creo que estoy ante lo que se podría llamar una síquica, adivinadora o, sin ánimo de ofender, una bruja.

La mujer sonrió diciendo: —Tal vez un poco de todas.

—Bueno, debo irme —dijo Nigel apresuradamente, mientras tocaba con su mano el reloj pulsera para denotar que debía cumplir con un compromiso—. Pero antes quisiera que me dijeras a qué me dedico, ya que afirmaste convincentemente que utilizaba el escepticismo a diario. —Resultaba evidente que Nigel no podía darse el lujo de mantener una postura indiferente y abandonar el lugar sin saciar su curiosidad.

—Eres cirujano —le indicó con total seguridad mientras lo miraba fijamente a los ojos.

Nigel por un momento se mantuvo impávido observando a la mujer, como si no le hubiera llamado la atención que ella adivinara su profesión con solo mirarlo.

—Vaya, realmente impresionante, me gustaría que me dijeras cómo lo hiciste. ¿Fueron mis manos?, ¿mi vestimenta te dice algo?, ¿me viste alguna vez en el hospital?

Ella hizo una pausa, descansó su mirada sobre el primer botón de la camisa de Nigel y suspirando le dijo: —Sí, puede que alguna vez te haya visto en un hospital—. De esa forma cedió ante la incredulidad de Nigel que, para ella, simplemente les estaba robando valioso tiempo.

—Bien, ahora mi escepticismo queda un poco más satisfecho. Ha sido un placer. Seguramente en otro momento vuelva a pasar por aquí atraído por algún otro objeto.

—Sabes, dado que crees que soy una bruja, no va extrañarte lo que voy a decirte: tú eres el verdadero dueño de esta cruz y por eso voy a guardarla para ti, hasta que decidas reencontrarte con ella.

Nigel nuevamente se mantuvo inmutable, sin hacer comentarios al respecto ni cambiar la expresión de su rostro. Dado su aplomo, la mujer continuó como si nada, cambiando el tono de la conversación con un poco más de animosidad.

—Antes de irte, quiero que te lleves un presente de esta casa. Ya que no deseas llevarte ahora la cruz Tau, me gustaría darte uno de estos.

La mujer abrió uno de los cajones del aparador y comenzó a sacar pequeñas cajas de madera. Las colocó una al lado de la otra, luego las abrió en el mismo orden en que las había apoyado sobre el mueble.

Nigel observaba atentamente y con creciente curiosidad lo que la mujer tenía para mostrarle. Dentro de las menudas cajas había delicadas piedras enlazadas por finos eslabones metálicos. La mujer fue sacando uno a uno aquellos objetos y los colocó sobre el mostrador, al frente de su correspondiente caja.

—¿Qué son? —preguntó él.

—Son rosarios. Rosarios alquímicos.

Aquellos rosarios tenían las cuentas enlazadas formando un círculo, y de este salía otra línea de piedras. El círculo y la línea a los que se adosaban las piedras estaban compuestos por hilos de plata.

—¿De qué material están hechos?

—Son piedras que poseen una energía especial. Cada piedra tiene una característica particular que la hace diferente a las demás. Elige el que más te guste.

Nigel comenzó a observarlos detenidamente.

—No sé, son bellos, es difícil decidirse.

—No te preocupes —respondió ella—, dicen que el rosario elige a su dueño, así que no puedes equivocarte.

Nigel levantó la mirada para lanzar una pequeña sonrisa a la enigmática mujer, y luego continuó observando los rosarios.

—Voy a llevar este —dijo Nigel, mientras señalaba a uno de color plateado. Algunas de sus cuentas eran cilíndricas y otras redondeadas, como pequeñas grageas—. Me llama la atención porque parece estar hecho de metal, por su color, brillo y textura —dijo al tiempo que lo sostenía en su mano, pasando una a una las cuentas entre sus dedos.

—Sí —respondió la mujer, y agregó—: esta piedra en particular tiene esas características. Llévatelo junto con esto, que es tan necesario como el propio rosario. —La mujer abrió uno de los cajones y extrajo una hoja de papel que dobló en cuatro partes para luego entregársela a Nigel.

"Se trata de las instrucciones para que actives el rosario. Una vez activado, se establecerá una comunión entre el rosario y tú, y a partir de entonces podrás utilizar todo su poder. En este papel encontrarás también algunas invocaciones especiales para ser utilizadas con el rosario.

Nigel tomó el papel y comenzó a desdoblarlo para leer las indicaciones. Pero la mujer lo tomó del brazo y le aclaró:

—No, no debes leer las instrucciones y activar el rosario hasta que realmente lo sientas. No lo hagas por simple curiosidad. Cuando llegue el momento adecuado, sabrás que debes activarlo. Tal vez sea en un momento en que te sientas solo, o estés en apuros, o simplemente porque tu corazón te lo pide.

—Muy bien, así lo haré —respondió Nigel, mientras volvía a doblar el papel para guardarlo en uno de los bolsillos de su saco.

La mujer tomó el rosario y con sumo cuidado lo guardó dentro de la caja, que luego entregó a Nigel. Lo hizo con tanta solemnidad que parecía parte de una ceremonia.

—Te agradezco que aceptes este presente y ojalá te sea de mucha ayuda. Que sirva para transmutar aquellas cosas que sean una barrera para tu crecimiento espiritual. Espero sea un guía para ti en este insondable océano de misterios que es la vida.

—Yo soy el agradecido, has sido más que generosa. Ahora debo marcharme porque me esperan.

Nigel saludó a la mujer con un leve apretón de manos; intentó soltar la mano de aquella mujer pero no pudo, ya que ella mantuvo apretada la mano de Nigel mientras lo observaba fijamente.

Nigel intentó nuevamente liberarse del apretón, pero la mujer parecía haber caído en una especie de trance, manteniendo su mirada fija y sin soltarle la mano. Tuvo que dar un sacudón de su brazo para destrabarse; los ojos de ella empezaron a enfocarse de nuevo en los objetos del entorno. Asentía con la cabeza, como si estuviera interpretando un mensaje que alguien le hubiera dado.

Nigel dio un paso hacia el lateral derecho para acortar la distancia con la puerta de salida, con toda la intensión de retirarse prontamente de allí.

—Aguarda un momento —dijo la mujer al tiempo que levantaba su palma derecha.

Él entonces se detuvo y volvió su mirada hacia la misteriosa mujer.

—Harás un viaje a tierras lejanas. Allí ten mucho cuidado, porque tu vida estará en grave peligro.

Eso ya era demasiado. La situación se había tornado insostenible para Nigel. Simplemente asintió con la cabeza para abandonar el lugar cuanto antes.

Emprendió prontamente su marcha introduciendo las manos en los bolsillos de su saco; allí se encontró lo que había recibido de la extraña dama. En una de las manos, sostenía la caja con el rosario; en la otra, la hoja de papel con las instrucciones.

El contacto con aquella mujer le había dejado una extraña sensación. Ella era lo más parecido a la idea que él tenía de una bruja, a pesar que realmente no creía que existieran las hechiceras. Por un lado, le había quedado la impresión de que se trataba de una mujer con buenas intenciones, pero al mismo tiempo sentía que esa mujer era capaz de ejercer el mal de forma efectiva si se lo propusiera. Que incluso poseía los conocimientos necesarios para hacerlo. Un escalofrío recorrió su espalda al pensar en la idea de que realmente existieran las brujas y que él hubiera tenido un encuentro de cerca con una de ellas.

Ciertamente, años antes, aquella mujer había estado en contacto con aspectos oscuros del esoterismo. Pero en su corazón el bien había sido lo suficientemente poderoso para cambiar su actitud y librarse de la seducción que en un tiempo el mal ejercía sobre ella.

Nigel sacudió un poco sus brazos y sus hombros, tratando de liberarse de la inquietante sensación que le había quedado del contacto con aquella mujer. Continuó su camino en dirección al café Govinda, donde debía encontrarse con sus amigos.

Al llegar al punto de encuentro comenzó a buscar a sus camaradas, escudriñando las mesas del lugar. El salón estaba bastante lleno y demoró algunos minutos en revisar visualmente su entorno, pero finalmente concluyó que había sido el primero en llegar. Le llamó la atención que aún no estuvieran allí sus amistades, teniendo en cuenta que él se había demorado un poco al haberse detenido en la casa de la bruja.

Miró el reloj y para su sorpresa habían transcurrido más de tres horas desde el pactado momento de encuentro.

Nigel quedó asombrado por haber perdido tanto la noción del tiempo. Era evidente que sus amigos ya se habían retirado. Sabía que ellos ni siquiera habían intentado llamarle a su celular: por los constantes imprevistos que habitualmente se presentaban, eran conscientes que la profesión de su amigo le impedía cumplir con compromisos de menor relevancia.

Decidió tomarse unos minutos antes de retornar. Tomó asiento en uno de los pocos taburetes libres en el mostrador del café. Pidió lo de siempre a uno de los camareros que se encontraba del otro lado del mostrador: un Malabo Noir. Era un delicioso café realizado con una esmerada selección de los mejores granos, un toque de crema, una tenue cobertura de finas lascas de chocolate y algunas gotas de licor de marula. Por ser amante de los dulces, cayó en la tentación de maridar su café con una generosa porción de Épona, su predilecta. Una torta de chocolate con fresas y cerezas que recibe su nombre en honor a la diosa celta de los caballos.

Así, se abstrajo para disfrutar del momento, sin pensar en lo que instantes antes había sucedido, para darle un respiro a su mente. Disfrutó de las delicias que le habían servido tanto como de la atmósfera del lugar, generada por la gente que se encontraba en el salón en ese momento. Habitualmente allí se reunían ejecutivos luego del trabajo para sociabilizar, dejando atrás la estresante jornada laboral; también concurrían conocidos escritores, músicos, actores y artistas plásticos. A Nigel le agradaba entablar contacto con ellos, e incluso había llegado a entablar amistad con algunos. Era un pintor frustrado, pero después de todo un artista, y la interacción con otros artistas le permitía disfrutar de las vivencias ajenas. Él nunca había sido bueno envidiando, todo lo contrario: cuando le contaban o era testigo de alguna situación que a él le hubiera gustado experimentar, se alegraba por la persona que había podido vivirla y compartía su alegría poniéndose en el lugar del otro.

Además del ambiente creado por los clientes, el café era atractivo por su personalidad, en parte definida por la decoración. Mucha madera en paredes y objetos ornamentales, con diseños basados en el arte y cultura del sur de la India. El carácter del café quedaba finalmente bien diferenciado por los productos que ofrecía. Allí se podían saborear infinidad de infusiones de selectas hierbas y granos de varias regiones del mundo. Nigel, por sus viajes, conocía las bebidas de otras latitudes, y en el Govinda podía revivir recuerdos degustando las bebidas de lugares lejanos.

Asimismo, los acompañamientos que se ofrecían brindaban experiencias únicas, por esa cuidada combinación de sabores y sensaciones que se percibían al consumirlas. Tanto las tartas como los panes eran de una intrincada complejidad de sabor y textura en cada bocado; también las mermeladas, que se servían junto con los panecillos, tenían buena parte del protagonismo por las mismas características. Como particularidad, ninguna de ellas era preparada a partir de una única fruta: todas eran formuladas en base de combinaciones de al menos tres frutos distintos; en algunos casos, si el comensal tenía bien desarrollado el sentido del paladar, podía inferir la utilización de alguna hierba o tal vez una flor.

Como no podía ser de otra manera, por tratarse de un café parisino, las aguas minerales con sabor añadido tenían naturalmente un papel preponderante. Se ofrecían las reconocidas aguas de marca y también las que se preparaban allí. Sería un pecado ir por primera vez a Govinda y no experimentar una de sus famosas aguas minerales.

La lista de productos de excelente calidad y originalidad era interminable; entre ellos se podía encontrar bombones y chocolates, panqueques, sahumerios y esencias, hasta incluso tabacos con sabores para los que gustan de fumar en pipa. Pero había excepciones: en Govinda no se producía ni ofrecía nada con carnes o fiambres; esta característica del lugar era la que le resultaba más interesante a Nigel.

Daba la impresión de que el objetivo de los productos que allí podían consumirse era lograr una explosión de los sentidos para quienes los experimentaban. Por eso, sin importar cuántas veces se visitara, siempre aportaba nuevas experiencias. No en vano los *habitué* del lugar le llamaban "café de sensaciones".

Luego de finalizado su Malabo Noir, Nigel pagó y saludó al encargado del lugar puesto que ya era un viejo conocido del establecimiento.

Al salir a la calle, se dirigió nuevamente a la estación para volver al hospital y de allí a su casa. Mientras caminaba, se dio permiso para pensar en lo que aquella misteriosa mujer le había dicho, al tiempo que seguía sosteniendo el rosario, esta vez ya fuera de su caja.

En sus pensamientos, Nigel comenzaba a replantearse su escepticismo, que con tanto tino había sido observado por aquella mujer.

"¿Estaré actuando adecuadamente? ¿Me habré vuelto demasiado receloso? Tal vez debería dejarme llevar un poco más por mi intuición y no solamente por lo que ven mis ojos. Tal vez debería buscar respuestas en otro lugar."

Nigel lo ignoraba pero, pese a que aún no había sido activado, el rosario ya estaba trabajando para que él lograra un mayor entendimiento y empezara a disolver su forma habitual de pensamiento.

LO INEXORABLE

Solía hablar así Ben Azai: "No despreciéis a ningún hombre, ni consideréis nada imposible, pues cada hombre tiene su hora y cada cosa, su lugar."

(De *El Talmud*).

Como de costumbre, Nigel se encontraba realizando la recorrida de sus pacientes. Uno de los casos era el de una señora de ochenta años que padecía una enfermedad en su etapa terminal. Cuando ingresó a la habitación, descubrió que el acompañante que se encontraba sentado junto a ella era Simon.

—Buen día.

—Buen día, doctor —contestó Simon con su apacible y profundo tono de voz.

—Simon, usted nuevamente por aquí.

—Sí, doctor, estoy acompañando a doña Gloria.

—¿Puede esperar fuera de la habitación mientras la reviso? —dijo Nigel mientras se aproximaba a su paciente acomodando el estetoscopio para examinarla.

—Por supuesto, doctor —repuso Simon al tiempo que se ponía de pie, mientras tomaba el libro que llevaba consigo y abandonaba la habitación con sigilo. El médico notó que se trataba del mismo libro antiguo que Simon tenía el día que lo conoció.

Luego de algunos momentos, Nigel salió de la habitación y se encontró con Simon, quien aguardaba en el pasillo frente a la puerta de la sala de internación.

—¿Cómo está la paciente, doctor?

—Sinceramente, nada bien: tiene varias complicaciones que son difíciles de llevar adelante por una persona de edad avanzada. Dudo mucho que vuelva a mejorar.

—Estoy seguro que Gloria va a salir caminando por esa puerta dentro de muy poco.

La respuesta de Simon hizo que Nigel se ofuscara pues contradecía su diagnóstico, por lo que replicó con sarcasmo.

—Vaya, Simon, no sabía que también era médico, hubiésemos comenzado por allí.

—No se ofenda, doctor, simplemente es una corazonada.

—No quiero ser rudo, pero la pura verdad es que a esa señora le quedan pocas horas de vida, tal vez minutos. Y no me ofendo, sucede que usted lo dice con tanta convicción que parece que lo estuviera viendo, cuando no existen posibilidades de que eso suceda.

—Es así, doctor.

—¿Qué es así? —inquirió Nigel de inmediato.

—Que mis corazonadas son vívidas, logro verlas. Y hasta el momento nunca he fallado.

Nigel aún más molesto le expresó:

—Mire, Simon, si esa señora sale caminando de esa habitación, quiero saber todo acerca de sus corazonadas. Porque realmente sería un milagro lo que usted dice estar viendo.

—Le tomo la palabra, doctor.

—Muy bien, Simon, ahora discúlpeme pero debo seguir con la ronda, que tenga un buen día.

Nigel siguió por el corredor observando la hoja de revisión de pacientes, tratando de demostrar indiferencia ante lo que Simon había vaticinado. Pero en realidad, mientras observaba la hoja, se planteaba si sería posible que sucediera aquello que él consideraba inconcebible.

Gloria tenía un largo historial de enfermedades cardíacas. Había sido sometida a varias operaciones y la capacidad de su corazón se encontraba reducida a menos de la mitad. Día a día su cuadro empeoraba y su avanzada edad le impedía someterse a un trasplante. Por más que Nigel deseara lo contrario, los datos del caso le indicaban que Gloria se encontraba desahuciada.

Al día siguiente, Nigel comenzó la revisión de casos con la historia de la paciente que era motivo de polémica. Analizó las páginas de estudios clínicos y observaciones de sus colegas en los turnos cuando él no había estado. Concluyó que la condición de la anciana seguía siendo crítica.

En parte satisfecho por su acertado diagnóstico y en parte apesadumbrado por la situación de su paciente, se dirigió a la habitación donde ella se encontraba.

A pocos pasos de la puerta de la habitación, Nigel escuchó risas y una conversación amena. Se sintió molesto por la falta de tacto de los acompañantes al no guardar silencio para no incomodar a los enfermos.

Para su sorpresa, al ingresar a la habitación, encontró que la animada conversación se había entablado entre Simon y la anciana desahuciada. Nigel quedó petrificado en la puerta de la habitación mirando la escena con cara de asombro.

—¡Buen día, doctor! —saludó animadamente la anciana.

—Buen día —murmuró Nigel, e inmediatamente dirigió la mirada a Simon mientras hacía un gesto con su mano—. Simon, por favor acompáñeme.

Ambos salieron de la habitación y caminaron algunos pasos hasta el siguiente descanso en el corredor.

—Mire, Simon, no se crea que porque esa señora está conversando con usted está bien. Probablemente sea la mejoría que los moribundos presentan cuando están a un paso del final de su vida.

—Doctor, entiendo lo que dice sobre la mejoría previa a la muerte, y he sido testigo de muchos casos donde sucede lo que usted indica, pero puedo asegurarle que este no es el caso.

—Bueno, realmente no tengo ganas de polemizar con usted. El tiempo dirá, y estoy seguro de que no vamos a esperar mucho.

—En eso estamos de acuerdo, doctor.

Ambos volvieron a la habitación en silencio. Nigel fue el primero en entrar y, para su asombro, se encontró a la anciana levantada, vestida y llenando un bolso con sus pertenencias.

—¡Un momento! ¿A dónde cree que va? —exclamó Nigel mientras ponía su mano sobre el bolso de su paciente.

—Me voy, doctor —respondió ella con total naturalidad.

—Usted no se va, no está en condiciones, ni siquiera de mover un pie.

—¿A usted le parece que no puedo mover un pie? —preguntó la anciana mientras le sonreía y doblaba un camisón—. Me siento mejor que usted, doctor, así que espero que no me extrañe porque me marcho a casa ahora mismo.

—Está bien —contestó Nigel, con obvia disconformidad al ver que la paciente presentaba una mejoría que iba más allá de sus expectativas—. Luego de que firme una nota asumiendo la responsabilidad del alta, puede irse a casa.

—Muchas gracias, doctor.

La anciana cerró su bolso y se dirigió hacia donde se encontraba Simon.

—Krusky —le dijo mientras le daba palmaditas sobre la mejilla—, eres un amor y te agradezco mucho que me hayas acompañado en este difícil momento. Espero que vayas a visitarme.

—Por supuesto, Gloria —replicó él—, pronto iré a verte.

—Eso espero —contestó ella después de abrazarlo. Luego se marchó de la habitación en compañía de su bolso.

Nigel presenció la escena atónito y, sin decir palabra, miró a Simon como aceptando lo que él, de alguna manera, había presagiado.

—Doctor, resta cumplir con lo pactado, es momento de que usted averigüe acerca de mis corazonadas.

—Simon, sinceramente estoy ansioso por saberlo.

—Quiero adelantarle que no será sencillo: llevará algún tiempo, si es que realmente quiere llegar al fondo de esto.

—Realmente, Simon, no tengo explicación para lo que ha sucedido aquí, y quiero tenerla. Y si para obtener esa explicación tengo que dedicar buena parte de mi tiempo, estoy dispuesto.

—Muy bien, entonces la próxima semana tendrá que viajar hacia el lugar que le indicaré.

—Simon, no se lo tome tan a pecho, no puedo dejar de lado mis pacientes, mi familia, mis obligaciones y salir en una cruzada en la que pocos creerían.

—Bien, cuando esté dispuesto llámeme.

Simon sacó una tarjeta personal de su bolsillo, se la entregó a Nigel y se dirigió hacia la puerta. Pero antes de atravesarla, se dio vuelta y le dijo: —Estas oportunidades son escasas, y no es cuestión de aprovecharlas cuando a uno le viene en gana. Hay que arriesgarse para no perderlas; espero que esta noche medite acerca de lo sucedido. —Y, sin agregar más, prosiguió su marcha.

De regreso a casa, mientras conducía su automóvil, Nigel rememoraba los hechos excepcionales que habían ocurrido en su vida en los últimos tiempos. Recordó el vívido sueño de don Ángel, en el que le decía que tendría experiencias y encuentros poco comunes.

También vino a su mente el cruce con la mujer que le había obsequiado el rosario alquímico. "Esa también fue una experiencia poco común. No pueden ser coincidencias", se dijo.

Al llegar a su casa ya tenía decidido afrontar el desafío que Simon le había propuesto.

Luego de un par de horas de conversación con su esposa, Nigel no logró convencerla de que aquello en lo que se iba a embarcar no era una locura.

—Nigel, no puedo creer que tú, precisamente tú, creas en todas esas tonterías que me cuentas —le reclamó ella.

—Mi amor, últimamente ya no sé en qué creer, mi forma de pensar ha sido afectada desde hace algunos meses. Quiero arriesgar, supongo que serán algunos días. Voy a aprovechar a utilizar la licencia que hace mucho no tomo en el trabajo.

—¿Y yo qué? Tú te vas a aprender a tirar las cartas o leer la borra de café, y yo tengo que hacerme cargo de todo, ¿no?

—Mira, son algunos días, haz de cuenta que me voy a un congreso. A mi regreso podremos irnos juntos a algún lugar de los que a ti te gustan, ¿sí? Por favor, no es mucho lo que te pido —le solicitó dulcemente Nigel, mientras tomaba la mano de su esposa. Ella contestó con una leve sonrisa, luego de hacer una pausa para respirar profundamente:

—Está bien, no puedo decirte que no. Pero al menos sé cuidadoso, no sea que desaparezcas o termines con el cerebro lavado dentro de una secta —le pidió Claudia, al tiempo que mantuvo apretada la mano de su marido mientras la sacudía levemente.

Nigel sonrió y también él estrechó la mano de su esposa.

—Tranquila, tengo claro los riesgos que estoy corriendo. — Esa fue la frase que sirvió para finalizar el diálogo y dar algo de tranquilidad a Claudia.

Tras la conversación con su esposa, Nigel telefoneó a Simon al número que figuraba en su tarjeta personal. Simon le solicitó que tomara nota de las instrucciones para llegar al lugar donde experimentaría sucesos inimaginables.

TERCERA PARTE — ABAJO

EL ANCIANO

Hay hombres que buscan lo abstruso y lo insólito, y viven una vida singular a fin de poder dejar un nombre para la posteridad. Esto es lo que yo jamás haría. Por otra parte, hay hombres buenos que intentan vivir conforme a la ley moral pero, a medio camino, se rinden. Yo nunca me rendiría. Y por último, hay hombres realmente morales que viven inconscientemente en completa armonía con el orden moral universal y que son desconocidos por el mundo e ignorados por los hombres sin preocupación ninguna. Solo los hombres de naturaleza divina y sagrada son capaces de vivir así.

Confucio (551—479 a.C.), sabio chino.

La noche previa a su partida, Nigel casi no pudo dormir. Dudaba de la decisión que había tomado acerca de realizar aquella especie de retiro.

Entre los cuestionamientos que asaltaban su mente se encontraba la advertencia que la vidente le había realizado. Ella le dijo que su vida correría peligro cuando viajara a tierras lejanas. Pero este viaje no lo llevaría a un lugar lejano. Este hecho, junto con el escepticismo sobre la posibilidad de que la mujer realmente haya podido ver el futuro, le daba cierta tranquilidad.

Lo más difícil ya estaba hecho. Había gestionado los preparativos en el hospital, coordinando con uno de sus colegas más cercanos para que cubriera su ausencia por algunos días. También había logrado la aceptación, aunque a regañadientes, de su esposa. Toda esa gestión tenía un costo bastante elevado y era conveniente lograr que realmente valiera la pena.

Tras la desvelada, se levantó temprano en la mañana para dirigirse hacia la estación Paris Nord a fin de abordar el Eurostar, que lo llevaría a Londres en aproximadamente tres horas. Viajar en ese tren a Nigel le producía gran placer, puesto que admiraba la obra de ingeniería que permite cruzar el Canal de la Mancha a través de un túnel subacuático.

Una vez que arribó a Londres, en la estación de St. Pancras realizó el transbordo a otro tren de línea suburbana en dirección sur.

Después de una hora de viaje, descendió del tren en la pintoresca estación de Minesville, un pequeño y antiguo poblado rural. Las calles eran empedradas, tan cortas y angostas como sus casas, cuyos orígenes se remontaban más allá del siglo 11 d.C.

Con su mochila negra de tela avión colgando de un hombro, subió al único taxi que aguardaba en la puerta de la pequeña estación.

—Buen día, por favor lléveme por el camino hacia Whitewaters, hasta la entrada al antiguo molino —le indicó al conductor.

Recorrieron varios kilómetros de bosques; durante el trayecto eran pocas las casas y cabañas que podían verse. Nigel estaba maravillado con la belleza natural que poseía el entorno. A lo lejos, recortadas por el horizonte, se asomaban algunas elevaciones naturales de escasa altura y adornadas por franjas de diferentes tonalidades de verde, marrón y amarillo.

De pronto, el taxi se detuvo.

—Es aquí —dijo el conductor.

Nigel miró por la ventanilla, y notó que no había nada más que árboles y abundante vegetación.

—¿Está seguro de que es aquí? —preguntó Nigel.

—Sí, seguro. ¿Ve aquella casa en la colina? Ese es el antiguo molino. El camino de llegada está cubierto por la vegetación, solo se puede entrar a pie —respondió el chofer, mientras señalaba una antigua construcción que se veía pequeña desde el lugar donde se encontraban.

Nigel pagó al conductor del taxi y descendió. Se mantuvo parado al borde de la ruta observando el entorno: la casa del antiguo molino, la vegetación, los cerros. Buscó con la mirada las huellas del camino que lo llevarían a su destino y, tras acomodar su mochila al hombro, se puso en marcha. No sin antes hacer una profunda inspiración para colmar sus pulmones con el refrescante aire puro que la naturaleza del lugar le brindaba.

Recorrer el camino hasta la casa fue más difícil de lo que se imaginó, pero valió la pena porque al llegar quedó maravillado con aquella antigua construcción. Era una casa con techo a dos aguas, construida en piedra de color gris. Aún preservaba los postigos de madera color habano, amurados con bisagras de hierro. En uno de los costados de la construcción, se podían ver los restos de un antiguo molino de madera.

Se sentó en una piedra, a la orilla del arroyuelo que corría al costado de la casa —el mismo que en algún tiempo había servido para accionar el molino— para repasar las instrucciones que lo llevarían al lugar que Simon le había indicado.

Llamó su atención el color del agua que corría por allí, porque presentaba una tonalidad blancuzca. Pero luego recordó que el chofer del taxi le había comentado que las aguas del lugar poseían esa coloración por arrastrar gran cantidad de sedimentos calcáreos. Debido a esa característica, esa zona se popularizó como Whitewaters.

Luego de refrescarse, prosiguió la marcha durante una hora por el mismo camino que cada vez se hacía más agreste. Durante ese tiempo cruzó arroyos, praderas y espesos matorrales, e incluso tuvo que rodear un pequeño cerro.

También tuvo la oportunidad de entrar en contacto con algunas especies de animales que habitan la zona. Como se trataba de una zona rural, en las praderas podían verse ovejas, cabras, vacas y caballos. Pero también pudo apreciar algunas especies autóctonas como zorros, liebres y faisanes.

Finalmente, luego de un recodo en el camino, y cuando la impaciencia ya le había permitido dejar de pensar en llegar de una buena vez, encontró la cabaña que era el destino de su viaje.

De pronto, quedó paralizado; dejó caer su mochila al suelo y se quedó observando aquella casa. La cabaña se encontraba a unos veinte metros del sendero; estaba rodeada de árboles, plantas y flores, y construida íntegramente de madera (a excepción de la chimenea que estaba compuesta de adoquines de piedra). En el frente de la cabaña, por encima de la entrada y bajo el encuentro de las hojas del techo a dos aguas, había un reloj de sol incrustado en la propia madera.

En ese momento Nigel se cuestionó el hecho de encontrarse allí. Sintió que podía estar bajo la influencia de un hechizo o estado hipnótico. ¿Cómo era posible que un hombre como él pudiera haber llegado hasta allí? ¿Para qué? ¿Acaso no era una locura?

Tenía mucho trabajo esperándolo en su ciudad. Un nombre y una reputación que cuidar. ¿Qué sucedería si sus colegas se enteraban de lo que se disponía a hacer? ¿Qué pensarían de él si tomaban conocimiento de sus dudas acerca de su profesión y los métodos que empleaba día a día?

También había dejado atrás a su esposa. ¿Qué pensaba ella realmente de todo esto?

Claudia era una mujer racional, católica por herencia de costumbres familiares, y verdaderamente solo creía en el potencial intelectual del ser humano. ¿Cómo quedaría él ante ella por todo esto?

Se convenció de que su cuestionamiento era correcto. Sí, en verdad todo aquello era una locura; debía regresar a su hábitat de concreto, donde podía sentirse seguro y resguardado de las dudas que últimamente lo estaban atormentando.

Dio media vuelta, recogió su mochila y emprendió la marcha dando la espalda a aquella cabaña.

Cinco pasos fueron suficientes para que la duda la volviera a asaltar. —¡Maldición! —gritó sordamente entre dientes apretados, al tiempo que pateaba una pequeña piedra que se encontraba en mitad del camino. ¿Para qué había viajado hasta allí? ¿Para nada? ¿Se trataba de un paseo de domingo?

¿Acaso iba a claudicar por temor a que alguien pensara que estaba loco?

A Nigel no le molestaba demostrar que era distinto a los demás. Tenía fuertes convicciones y si estaba persuadido de algo no le importaba tener a todo el mundo en su contra. Se dio cuenta entonces de qué poco le concernía que alguien se enterara de la crisis por la que estaba pasando. Incluso era capaz de defender aquel proceso como una forma de mejora en su desempeño profesional.

Pero... ¿y Claudia?

Sin detenerse demasiado en ese cuestionamiento, se encogió de hombros, pues era sabido que su matrimonio ya estaba en crisis; tal vez esto ayudaría a acelerar un desenlace bastante evidente.

Nuevamente giró 180 grados, se dirigió a la cabaña con total determinación y a paso redoblado para asegurarse de llegar a la puerta antes que sus dudas.

Tras subir de un solo salto los dos escalones que llevaban al porche, golpeó a la puerta con sus nudillos y esperó durante unos instantes.

Reiteró el llamado; esta vez, para que sonara más fuerte, utilizó una pequeña piedra que encontró al costado de la puerta, ya que estaba hecha de un tipo de madera muy densa.

Los segundos pasaban y nadie atendía, Nigel comenzó a impacientarse. "No hice este viaje para nada, no pienso irme de aquí hasta que alguien abra esta puerta", se dijo.

Dio dos pasos hacia atrás para tener una mejor perspectiva de las ventanas de la cabaña. Decidió acercarse a la que se encontraba a la derecha de la puerta. Cuando estaba a pocos centímetros, se agachó un poco y acercó su mano hacia el rostro para tapar el reflejo que le impedía mirar hacia el interior.

Lo primero que vio fue un pequeño fuego que ardía en la chimenea; esto lo tranquilizó. "Bueno, si hay fuego seguramente la gente no haya ido demasiado lejos". En ese momento, sintió que la pesada puerta se abría. Dio un salto para volver a pararse frente a ella.

Un hombre de avanzada edad, cabellera blanca y mirada penetrante salió a recibirlo.

—Buenas tardes, soy Nigel, vengo de parte de Simon.

El anciano escudriñó a Nigel por algunos segundos con los párpados un poco cerrados, como si tratara de agudizar su visión, para luego expresarle que lo estaba esperando; lo invitó a pasar mientras hacía un gesto con la cabeza.

En el interior de la cabaña, frente a la estufa, había una mesa rústica de madera. Las paredes estaban cubiertas de libros del piso al techo, y en algunos lugares podían verse algunos objetos (la mayoría, desconocidos para Nigel). Había una escalera que llevaba a la parte superior, y allí podía verse el borde de una cama tan rústica como la mesa. También en ese ambiente las estanterías estaban colmadas de libros.

—Por favor, deja tu bolso y siéntate, debes estar cansado.

—Gracias —respondió Nigel, mientras apoyaba su mochila sobre el baúl ubicado bajo una ventana que daba a uno de los laterales de la cabaña.

—Permíteme presentarme, soy Markus —dijo el anciano, mientras daba a Nigel un fuerte apretón de manos.

—Es un placer —respondió Nigel.

—Dentro del baúl donde apoyaste tu bolso hay una colchoneta que podrás utilizar para dormir frente a la estufa. Es el mejor lugar de la casa cuando hace frío. Espero no te incomode tener que dormir en el piso: yo ya estoy viejo para eso y en esta casa hay solo una cama.

—No se preocupe, estoy acostumbrado a descansar en los catres del hospital que utilizo en las noches de guardia.

Ese día el anciano agasajó a Nigel con un clásico té inglés, que desprendía esa deliciosa fragancia cítrica característica del Earl Grey, acompañado por unos *brownies*. Aprovecharon ese momento de encuentro para conocerse un poco. Principalmente fue Nigel quien habló más acerca de su vida, de sus anhelos, de sus cuestionamientos. El anciano era bastante reservado y siempre trataba de mantener la conversación centrada en la vida de Nigel. En realidad el anciano estaba tratando de formarse un perfil del invitado, para determinar cuál debía ser el método de aprendizaje y el nivel por dónde comenzar.

Tras casi dos horas de conversación, el anciano le indicó a Nigel que era conveniente retirarse a descansar pues al día siguiente deberían madrugar.

Nigel, tras acomodar la colchoneta junto con unas sábanas gruesas y una pesada frazada de tejido, se desplomó exhausto sobre el precario lecho. Mientras observaba el fuego hipnótico de la estufa —con su mente extraviada, sin que enfocarse en ningún pensamiento en particular—fue cayendo dormido profundamente, como arrullado por los crujidos de la leña ardiendo y el incesante sonido de los grillos que se encontraban en el bosque circundante a la cabaña.

El Monte

Buda habló con voz queda: «Una vez que una persona se halla atrapada en la creencia en una doctrina, pierde toda su libertad. Cuando alguien se convierte en una persona dogmática, cree que su doctrina es la única verdad y que todas las demás doctrinas son herejías. Todas las disputas y los conflictos se derivan de las mentes angostas. Pueden prolongarse hasta el infinito, malgastando un tiempo precioso y a veces incluso provocando guerras. Aferrarse a un punto de vista determinado es el mayor obstáculo del camino espiritual. Anclado en la estrechez de miras, nos confundimos tanto que ya no es posible dejar abierta la puerta de la verdad."

Thich Nhat Hanh (contemporáneo), monje budista zen vietnamita.

Las primeras palabras que escuchó Nigel a la mañana siguiente fueron las del anciano que intentaba despertarlo.

—Nigel, despierta, tienes que levantarte.

Nigel abrió lentamente los ojos dejando los párpados a mitad de camino. Miró por la ventana y vio que aún no había salido el sol. La estufa todavía conservaba buena cantidad de brasas encendidas, y brindaba un agradable calor que invitaba a seguir acurrucado entre las sábanas. Buscó en el bolsillo de la chaqueta su reloj pulsera y, antes de que llegara a ver la hora, el anciano se adelantó: —Son las cuatro de la mañana, hora de levantarse.

Nigel se incorporó lentamente quedando sentado, se desperezó y comentó, entre bostezos:

—Vaya, usted sí que madruga...

—Es la hora de máxima armonía, es el momento ideal para meditar o entrar en contacto profundo con la naturaleza. Ahora vístete, debemos salir de inmediato.

Nigel se vistió rápidamente y en pocos minutos ambos se encontraban caminando por un sendero en el bosque. Apenas se podía ver en dónde se pisaba; solo por momentos la luna en cuarto creciente iluminaba apenas el entorno, filtrando su luz entre de las ramas de los árboles.

El frío de la noche y la ausencia de viento hacían que el paisaje adquiriera un aspecto estático, como si se tratara de una escena representada en una gran obra de arte. La tranquilidad del bosque y el silencio eran interrumpidos por el sonido de botas de los caminantes noctámbulos contra la tierra seca del sendero, o el crujido de algunas hojas y ramas que eran pisadas por atreverse a cruzar su camino.

De pronto salieron a un claro y el anciano se detuvo.

—Nigel, ¿ves aquel monte que está allí? —El anciano señaló una elevación natural que distaba unos pocos cientos de metros de donde se encontraban.

—Sí, lo veo.

—Se trata del monte de los colibríes. Se le llama así debido a que la vegetación que crece en el lugar atrae a gran cantidad de variadas especies de colibríes, aunque año tras año es cada vez menor el número de ejemplares que pueden verse. —Hizo una pausa y continuó señalando con su mano la cima del monte—. Desde allí arriba puede apreciarse una vista hermosa del lugar. Ya lo verás por ti mismo, pues vamos a subir ahora.

—¿No vamos a esperar a que amanezca? —inquirió Nigel, temeroso de tener que afrontar una escalada nocturna.

—No, vamos a subir ahora mismo, justamente antes de que amanezca.

—¿Pero no es peligroso escalar un monte silvestre sin ver por dónde se camina? ¿Acaso no hay animales salvajes?

El anciano soltó una pequeña carcajada. —No seas cobarde, Nigel, son los mismos animales que habitan el lugar durante el día. La diferencia está en que ahora podemos encontrarnos frente a frente con ellos para apreciarlos de cerca —agregó el anciano mientras continuaba riendo—. Mira, simplemente tienes que prestar más atención, volverte parte del entorno, conectarte con la naturaleza. Verás cómo es mucho más sencillo de lo que crees —le explicó Markus con un poco más de seriedad.

—Está bien, puedo hacerlo, he hecho cosas mucho más peligrosas —replicó Nigel tratando de restituir su magullado orgullo.

Minutos más tarde se encontraban escalando el monte que, para su alivio, tenía un sendero levemente definido por el cual se podía transitar con bastante facilidad. Poco a poco fue soltándose; tal como dijo el anciano, empezó a contactarse con la naturaleza, a apreciar la vegetación, las piedras, el sonido resonante de algunos insectos. Logró agudizar su oído, principalmente cuando sentía que la maleza se movía; en esos momentos permanecía inmóvil, atento al lugar de donde había provenido el movimiento. Entonces era cuando se sentía aún más conectado con el entorno.

Media hora más tarde llegaron a la cima. En el último tramo, Nigel se había soltado del todo; finalmente logró disfrutar muchísimo de la escalada.

Tras llegar a la cumbre, Markus dio algunos saltos, dando muestra de una singular vitalidad para un hombre de su edad, y se sentó sobre una roca en la parte más elevada del monte. Tras ello, invitó a su acompañante con un gesto a que hiciera lo mismo y se sentara junto a él.

Una vez allí, Nigel pudo observar la majestuosidad de la escena. La vista era magnífica: desde ese lugar podían verse varios kilómetros a la redonda. El paisaje estaba salpicado por cerros, montes, lagunas y arroyos, acompañado de exuberante vegetación, y toda la vista se iba iluminando delicadamente con los primeros rayos de sol que teñían el cielo de variedad de tonos. Las nubes parecían pinceladas blancas, rosas y amarillas que hacían del espectáculo algo inigualable.

Nigel miró de reojo al anciano. Este estaba inmóvil, con la mirada explayada en la grandeza del paisaje lejano; parecía como si se encontrara sumergido en un profundo estado de éxtasis. Por eso, el médico no se atrevió a emitir sonido alguno y se limitó a continuar regocijándose con la vista.

El sol recién había terminado de asomarse cuando Markus le preguntó qué le había parecido.

—Magnífico, valió la pena ver el amanecer desde aquí arriba.

—¿Te has puesto a pensar que este espectáculo se sucede de manera única, día tras día, desde hace millones de años?

Nigel analizó lo que el anciano decía y le respondió:

—Sinceramente no recuerdo haber pensado en eso mientras observaba algún paisaje, pero ahora que lo pienso, sí: es realmente increíble. Y hacer ese ejercicio despierta sensaciones y pensamientos difíciles de describir.

—Me agrada que tengas vivencias que no puedas describir con palabras, eso es bueno. ¿Y a quién o a qué le atribuyes la creación de todo esto? —preguntó el anciano, retomando rápidamente el hilo de la conversación que había iniciado.

Durante breves instantes, Nigel examinó la respuesta que habría de dar mientras continuaba disfrutando de la vista.

—Es producto de la evolución natural del planeta, del sistema solar...

—¿Y de donde provienen entonces el sistema solar, las galaxias y todo aquello que conocemos?

—Los científicos hablan de que todo se originó en una gran explosión —continuó explicando Nigel con total soltura.

—¿Y qué dio origen a esa explosión? ¿Qué había antes de que se produjera la explosión? ¿Y antes de lo que había antes de eso?

Nigel dejó de contemplar el paisaje para dirigir su mirada al anciano, con la intención de prestarle más atención a la defensa de su postura. Ciertamente, no le gustaba que lo atosigaran con preguntas que no podía responder en forma cabal.

—No soy experto en el tema, pero creo que la ciencia aún no tiene certeza sobre esos puntos —repuso Nigel.

—Hay cosas que la ciencia no puede explicar —agregó el anciano mientras observaba las nubes que atravesaban el cielo.

—Bueno, creo que una vez que la ciencia avance podrán contestarse muchos de los misterios que aún están pendientes.

—Tú sabes que la ciencia se basa en herramientas como la física, la matemática y la observación de los procesos que investiga.

—Es verdad —afirmó Nigel.

—¿Cómo hubieras percibido tú hoy el amanecer si hubieras tenido los ojos vendados?

Ante la pregunta del anciano, Nigel se dio cuenta de que se habría perdido gran parte del espectáculo. Habría percibido, sí, los sonidos de los pájaros, la brisa del viento fluyendo entre las hojas y ramas de la vegetación circundante; el tacto le habría regalado la caricia del viento sobre su rostro. Pero no una parte importante de la escena: el de las increíbles e irrepetibles imágenes vivientes plenas de color y belleza.

—Es cierto —afirmó Nigel —, sin el sentido de la vista no hay duda de que la experiencia no hubiera sido la misma.

El anciano aprovechó el hecho de que Nigel le concediera esa afirmación para ir más allá.

—Algo similar sucede con la ciencia, le faltan herramientas y digamos que el científico necesita ver para creer. Todo tiene que ser demostrable en base al conocimiento formal de sus disciplinas. No se da cuenta que a veces vive sumergido en su propia ignorancia, en un callejón sin salida.

Markus, para no ser tan incisivo en los dichos que iban en contra de la educación profesional y el pensamiento de Nigel, decidió, a modo de tregua, relatarle un cuento, tal vez uno de sus predilectos dada su propia formación. Se trataba de un fragmento de la obra *El país del plano*, de Edwin Abbott, que ejemplificaba lo que intentaba transmitirle:

En El país del plano, *los personajes son formas geométricas diversas que viven en un mundo exclusivamente bidimensional. Al comienzo de la historia, el narrador —un cuadrado de mediana edad— tiene un sueño inquietante durante el cual visita un reino unidimensional, el país de la línea, cuyos habitantes solo pueden moverse de un punto a otro. Con creciente frustración les intenta explicar quién es él, una línea de líneas, proveniente de un país en el que uno se puede mover no solo de punto en punto, sino también de lado a lado. Los habitantes del país de la línea, enfadados, están a punto de atacarle cuando se despierta sobresaltado.*

Un poco más tarde, ese mismo día, intenta ayudar en sus estudios a su nieto, un pequeño hexágono. El nieto sugiere la posibilidad de una tercera dimensión, un reino en el que habría arriba y abajo, además de un lado y otro. El cuadrado tacha esta idea de estúpida e inimaginable. Aquella misma noche, el cuadrado tiene un encuentro extraordinario, decisivo para su vida: recibe la visita de un habitante del país del espacio, el reino de las tres dimensiones.

Al principio, el cuadrado se siente simplemente confundido por su visitante, un extraño círculo que parece cambiar de tamaño, e incluso desaparecer. El visitante se presenta a sí mismo como una esfera. Parecía cambiar de tamaño y desaparecer, tan solo porque estaba acercándose al cuadrado en el espacio y descendiendo al mismo tiempo. Dándose cuenta de que solo con argumentos no podría llegar a convencer al cuadrado de la existencia de la tercera dimensión, la esfera, exasperada, le introduce en una experiencia de profundidad.

El cuadrado queda fuertemente conmocionado. Dice entonces:

—Tuve una sensación confusa y mareante en la visión, era algo distinto que "ver"; veía una línea que no era una línea, y un espacio que no era espacio. Yo era y no era yo mismo al mismo tiempo. Cuando pude recobrar la voz, lancé un grito de agonía: "¡Esto es la locura o el infierno!".

—No es ninguna de las dos cosas —replicó serenamente la voz de la esfera—. Es conocimiento; son las tres dimensiones. Abre tus ojos otra vez, y trata de mirar con tranquilidad.

Tras haber tenido esa experiencia intuitiva de la tercera dimensión, el cuadrado se convirtió en su apóstol; se dedicó a convencer a sus conciudadanos del país del plano de que el espacio era algo más que solo una noción propia de los matemáticos. A causa de su insistencia, fue finalmente encarcelado en beneficio público.

Cada año, en lo sucesivo, el sumo sacerdote del país del plano, el círculo jefe, acude a examinarlo para comprobar si ha recobrado su sano juicio. Pero el cuadrado continúa insistiendo, testarudo, en que hay una tercera dimensión. No puede olvidarlo, aunque no sea capaz de explicarlo.

Tras el relato, el anciano introdujo la mano en uno de los bolsillos externos de su campera para extraer un puñado de semillas desecadas de girasol. Enseguida convidó a Nigel, extendiendo su mano en forma de cuenco que contenía el puñado de semillas. Su invitación no fue aceptada, pero sí cortésmente agradecida.

—Para no caer en la ceguera del racionalismo exacerbado, debes ser cauteloso y más abierto a conceptos que no han sido fehacientemente respaldados por la ciencia —dijo el anciano tras masticar la última semilla, transmitiendo así la enseñanza de la historia a Nigel.

—No conocía ese cuento, es muy bueno, y viene bien la analogía que plantea frente al tema del que estamos hablando. Pero, si le soy sincero, debo admitir que es un poco difícil para mí escapar del escepticismo dada mi formación —comentó Nigel.

—Si estás aquí es porque tu formación no ha podido darte las respuestas que necesitas. Así que espero que te detengas a meditar acerca de lo que hemos conversado y te des permiso para mirar fuera del plano —agregó el anciano con una sonrisa, y luego prosiguió al tiempo que se ponía en pie—: Bueno, volvamos ahora a la cabaña, que tenemos mucho que hacer.

Ambos emprendieron la marcha de regreso, por el mismo sendero que los había llevado hasta allí.

EL SANADOR

En cada uno de nosotros, y para beneficio de todos, el Espíritu Santo se manifiesta de una manera distinta. A uno, el Espíritu le da palabra de sabiduría; a otro, el mismo Espíritu le da palabra llena de conocimiento; a otro le da fe por el mismo Espíritu, y a otro, por el mismo Espíritu, el don de sanar enfermos...

(De *Corintios*, cap. 12).

Minutos más tarde, luego de tomar un breve descanso tras la escalada al monte de los colibríes, el anciano se encontraba buscando algunos libros en su biblioteca. Ya había separado dos gruesos volúmenes que reposaban sobre la mesa; Nigel se encontraba hojeando uno de ellos.

—Me gustaría que leyeras al menos algunos capítulos de estos libros. Luego te indicaré por donde deberías comenzar. Algunos conceptos que encontrarás allí podrán parecerte... —en ese momento, el anciano fue interrumpido por alguien que llamaba a la puerta.

—Disculpa, Nigel —dijo el anciano mientras se dirigía a abrir la puerta.

—Buen día, don Markus —saludó el hombre que vestía las ropas características de los granjeros de la zona: botas de cuero por sobre el pantalón marrón de felpa, chaqueta y camisa de lana en tonos mostaza y beige a cuadros, pañuelo al cuello, y boina negra para cubrir la cabeza de las frías heladas matinales—. Disculpe que lo moleste, vengo porque tengo un animal enfermo y temo que empeore. No quiero perderla, es una de mis mejores vacas lecheras.

—No se preocupe, buen hombre, ahora mismo iremos con usted.

El anciano tomó una pequeña maleta de tela marrón gastada e invitó a Nigel a que lo acompañara.

Nigel disfrutó del viaje, sentado a cielo abierto, en la parte trasera de la volanta del granjero. Era el lugar perfecto para recrearse con el paisaje de verdes praderas, salpicadas por grupos de animales entre islotes de árboles y los extensos bosques apenas limitados por los cerros y el horizonte. En la parte delantera, Markus acompañaba al granjero conversando acerca de temas relativos a la actividad rural.

Luego de recorrer por varios minutos los caminos de balastro que comunicaban las granjas y campos del lugar, se detuvieron cerca de un grupo de árboles, detrás de un alambrado, donde se encontraban algunas vacas y ovejas.

—Es aquella, la que está más alejada del grupo —señaló el granjero a una de sus vacas.

Caminaron hasta donde se encontraba el animal, cuyo aspecto no era saludable. Tenía la mirada lánguida y se mantenía casi inmóvil, a diferencia de los otros animales que se encontraban pastando.

El granjero señaló una gran lastimadura que el animal tenía en la parte más sobresaliente del lado derecho del abdomen.

—Parece que se hirió con algún poste, o el alambrado, y ahora se ha infectado la herida.

—No se preocupe. Por favor, tráiganos al menos dos litros de agua hirviendo —le solicitó Markus, lo que motivó que el granjero saliera de inmediato hacia su casa.

El anciano aguardó a que el granjero se alejara lo suficiente y dijo: —Nigel, yo sé que eres médico, pero creo que igual podrás darme tu opinión, pese a que no se trate de un ser humano.

—Déjeme verla de cerca —contestó Nigel al tiempo que se aproximaba al animal.

Observó detenidamente la herida por algunos instantes.

—No hay duda de que este animal tiene una gran infección, y seguramente esa herida está plagada de larvas, nacidas de los huevos depositados por las moscas atraídas por el tejido expuesto.

—¿Y qué tratamiento indicarías? —preguntó Markus.

—Bueno, no soy veterinario, pero primero lavaría bien la herida con éter y un fuerte desinfectante, y después le administraría un antibiótico.

—Pero en este momento no tenemos nada de eso —agregó el anciano—. ¿Qué puedes hacer entonces?

—No mucho, necesito de algunos elementos para poder hacer mi trabajo.

—Entiendo. —Markus hizo una pausa mientras miraba al animal—. Ahora por favor aléjate unos cuantos pasos y observa con atención.

Nigel tomó distancia. El anciano camino algunos pasos colocándose detrás del animal. Miró hacia el cielo, murmuró algunas palabras, luego hizo un símbolo con la mano derecha en dirección al animal. De inmediato la vaca comenzó a caminar lentamente. Markus la siguió, manteniendo la misma distancia, mientras seguía murmurando.

De pronto, sacó un cuchillo de entre sus ropas, se agachó y caló una de las huellas que el animal había dejado en el barro. Levantó luego el trozo de barro con la huella del animal, dejándolo nuevamente en el suelo pero dándolo vuelta antes de devolverlo al lugar de donde lo había retirado.

Luego de esto, Markus se incorporó; volvió nuevamente la mirada al cielo y continuó murmurando. Tras breves instantes se detuvo y dirigió su mirada hacia Nigel, mientras le señalaba la herida del animal.

Nigel no podía creer lo que estaba viendo, gran cantidad de gusanos se arrastraban fuera de la herida para caer al suelo.

Minutos más tarde, el animal ya había comenzado a pastar antes de que terminaran de caer los últimos gusanos.

El granjero llegó apresurado, trayendo un caldero con el agua hirviente. En ese momento, Markus se encontraba acariciando y susurrándole al animal con la expresión y el brillo en los ojos de quien se encuentra en compañía de un ser muy querido. Al notar la llegada del granjero, se alejó unos cuantos pasos del animal, hasta donde se encontraba su maletín. Sacó de su interior unas hojas de una planta medicinal para entregárselas dándole instrucciones para su uso.

—Coloque siete hojas en dos litros de agua. Una vez que el agua esté tibia, utilice la infusión para lavarle la herida. Repita el lavado dos veces al día durante una semana, siempre a la misma hora.

El granjero tomó las hojas que el anciano le entregó. Observó brevemente al animal y se dirigió al anciano: —Don Markus, el animal ya está mucho mejor, ¿qué le hizo?

—Le aplicamos un ungüento.

Con una sonrisa, el granjero tendió la mano para saludar al anciano al tiempo que le agradecía.

—Muchas gracias, don Markus, realmente no sé qué haríamos sin usted.

—No es para tanto, solo trato de ayudar aplicando lo que he aprendido a lo largo de tantos años —repuso modestamente el anciano.

—Don Markus, usted siempre tan humilde. Dígame, ¿qué le debo por esto?

El anciano se tomó su tiempo para estimar el costo de sus servicios.

—Con dos potes de la deliciosa mermelada de moras que prepara tu esposa será más que suficiente.

—Muy bien, señor, hoy mismo con gusto se los llevo.

Los tres hombres volvieron a emprender el viaje de retorno en la volanta del granjero.

Durante el viaje, en lugar de maravillarse con el paisaje, Nigel estaba inmerso en sus pensamientos acerca de lo que el anciano había hecho en el campo con aquella vaca. Trataba de buscar una explicación racional al asunto; le costó mucho. Incluso llegó a pensar que todo aquello podría tratarse de una especie de función montada por el anciano y el granjero. Pero, si ese era el caso, no lograba entender como había logrado el cambio en el estado de salud del animal.

A medida que se acercaban a la cabaña, Nigel se ponía más y más nervioso porque no lograba dar con esa explicación.

Minutos más tarde ambos descendieron en la cabaña.

Apenas el granjero se hubo alejado lo suficiente como para no escuchar la conversación, Nigel inquirió al anciano.

—Quiero que me explique, con lujo de detalles, lo que sucedió con esa vaca.

—¿Recuerdas la conversación que tuvimos esta mañana? Dijiste que iba a ser difícil asimilar lo que te expliqué en esa ocasión. Esta experiencia te ayudará a ampliar tu visión de las cosas. Por el momento no voy a entrar en detalles: a su debido tiempo tú también serás un sanador, y no solo de animales.

—Ya soy un sanador, no olvide que soy médico —repuso Nigel un tanto ofuscado.

—Todos podemos desarrollar el don de la sanación y lograr los mismos resultados.

"Tú eres médico, lo sé, y respeto tu profesión y tus conocimientos. Pero para ser un verdadero sanador debes complementar tus estudios, con lo que tienes no es suficiente. Tú mismo lo dijiste en el campo: no podías hacer mucho por ese animal. Y tú, como médico, te limitas a tratar enfermedades, y no las causas que dan origen a las mismas.

Nigel, herido en su orgullo por las palabras del anciano, refutó:

—Usted le entregó una planta medicinal al granjero. Tal vez esa planta contenga los mismos componentes activos que los medicamentos que yo le hubiera proporcionado. —Continuó—: Además, esas hojas eran para ser aplicadas directamente sobre la herida, o sea que usted también trató el efecto y no la causa.

Markus entonces aclaró, riendo:

—No, Nigel, el animal quedó curado una vez que terminaron de caer las larvas; lo de la planta fue tan solo una medida preventiva. El pedido del agua caliente en ese momento fue un pretexto, a fin de evitar que el granjero viera cómo curábamos al animal.

Al notar que Nigel seguía molesto, Markus hizo una breve pausa antes de volver a dirigirse a él, esta vez en un tono más serio.

—Entiendo que mis palabras puedan herir tu orgullo, pero la verdad es dolorosa y hay que aprender a asimilarla. Aunque tengamos que sacrificar a nuestro ego, que muchas veces obstaculiza el crecimiento.

Nigel se mantuvo sin decir palabra con la mirada fija en una de las paredes de la cabaña.

El anciano rompió el silencio tras una prolongada pausa.

—Creo que por hoy hemos tenido suficiente. Me gustaría que dedicaras el resto del día a meditar sobre lo sucedido, y que comiences a tomar contacto con los libros que seleccioné para ti.

Nigel destinó el resto del día a analizar las experiencias vividas y a tomar notas en su diario. Sin embargo, no tocó los libros que el anciano le había entregado: pretendía demostrar así su disconformidad con el método que el anciano utilizaba para enseñarle, y porque ciertamente se sentía ofendido.

LA REUNIÓN

Dios es un círculo cuyo centro se halla en todas partes y cuya circunferencia no se halla en ningún lugar.

Empédocles (490—430 a.C.), filósofo griego.

El sol comenzaba a ocultarse; Markus y Nigel estaban sentados a la mesa tomando la cena: emparedados de pan integral, tomate, queso de cabra y algunas hierbas. Esto acompañado de un té que había sido preparado con el agregado de algunos trozos de canela en rama y jengibre.

El crujido de los leños que ardían en la estufa y el sonido de las hojas de los árboles, hamacadas por el viento que soplaba en el bosque circundante a la casa, fueron opacados por las palabras del anciano.

—Mañana voy a salir temprano. Puedes acompañarme a menos que prefieras quedarte aquí realizando otras tareas.

—¿A dónde se dirigirá? —preguntó Nigel.

—Voy a encontrarme con mi maestro y a comulgar.

—¿A comulgar?

—Sí, a comulgar con Dios.

Nigel, que no tenía mucha afinidad con las prácticas religiosas, contestó con poco entusiasmo.

—Si es así, entonces prefiero quedarme.

Markus lo observó por breves instantes y le preguntó después qué era lo que lo inquietaba.

—No, nada, simplemente tengo dudas acerca de la existencia de Dios.

—¿Tienes dudas?

—Hay cosas que no comparto. Solo eso —respondió parcamente y sin ánimo de seguir ahondando demasiado sobre el tema.

Markus tomó un pequeño bocado del emparedado y lo masticó lento, como habitualmente hacía. Pero esta vez a Nigel se le hizo interminable la espera por el anciano: para que tragara ese trozo de comida y así saber al fin si el diálogo iba a continuar en la misma dirección. Por un momento pensó en aprovechar la pausa para cambiar de conversación, pero sabía que si Markus quería hablar sobre un tema en particular, de una forma u otra lograría que el diálogo volviera a su curso.

Tras la aparente prolongada espera, el anciano retomó la palabra.

—¿De dónde provienen esas cosas que no compartes?

—Creo que la mayoría provienen de la Iglesia o de la Biblia, no lo sé, nunca profundicé demasiado en el origen de esas ideas. Tal vez porque no se genera en mí el interés suficiente.

El anciano volvió a tomarse su tiempo para saborear un trago del té que había preparado. Apoyó la taza sobre la mesa, y detuvo su mirada unos instantes sobre las llamas de la leña ardiendo en la estufa para luego dirigirse a Nigel.

—¿Qué es lo que haces cuando te encuentras con un paciente que ya fue revisado por otro médico y no compartes su diagnóstico? ¿Acaso decides ignorar el caso porque no estás de acuerdo con tu colega? ¿O en realidad indagas con mayor ahínco para encontrar la verdad?

Nigel se mantuvo en silencio y bajó la mirada mientras meditaba sobre las palabras del anciano.

A continuación, Markus prosiguió.

—En el caso de la religión, la filosofía y las creencias debes actuar de la misma manera. Debes llegar al fondo de la cuestión, debes discernir adecuadamente y llegar a la verdad.

"Si existen conceptos o creencias que no entiendes, debes primero tratar de comprender para luego formar un juicio al respecto. De otra manera estarás prejuzgando.

Nigel asintió levemente con la cabeza e inmediatamente lanzó preguntas que entendía no serían fáciles de responder.

—¿Por qué cree usted en Dios? ¿Cómo está tan seguro de su existencia?

El anciano dirigió su mirada hacia el cielo a través de una de las ventanas de la cabaña; desde allí, se apreciaban las tonalidades rojizas del atardecer reflejándose en las nubes. Se mantuvo contemplando el cielo en estado de profunda fascinación, antes de dar paso a sus palabras.

—Cuando subo al monte en el que estuvimos el otro día y observo el majestuoso paisaje, y huelo el aroma fresco de la hierba mezclado con el dulce perfume de flores silvestres que el viento transporta desde el valle.

"Cuando en las noches sin luna puedo ver claramente el brillo de un incontable número de estrellas.

"Cuando soy testigo del milagro de la vida a cada momento, al observar todo tipo de árboles, plantas, animales e insectos a mi alrededor. Y es entonces cuando caigo en la cuenta de que existe un orden de intrincados sistemas naturales, y que difícilmente pueden ser producto del azar.

"Cuando veo a personas realizando tareas que ennoblecen el alma, como las acciones de servicio desinteresado. Cuando contemplo magníficas obras de arte de belleza indescriptible. Cuando me sumerjo en profundas prácticas espirituales. En todos esos momentos es cuando realmente Lo Veo.

Nigel buscó en sus recuerdos experiencias similares a las que hacía referencia Markus, y se conmovió al darse cuenta de que en sus propias experiencias había un denominador común: una misma sensación de certeza acerca de la presencia de una fuerza creadora. La misma fuerza que él mismo podía experimentar cuando podía abstraerse totalmente y conectarse con su ser interior para plasmar sus pinturas.

—¿Qué es lo que siente en esos momentos? —inquirió Nigel, tratando de profundizar en las experiencias que el anciano trataba de transmitirle, o tal vez para buscar puntos en común con las propias.

Markus hizo una prolongada pausa. Nigel percibió que durante ese tiempo el anciano había profundizado su respiración y, pese a que sus ojos estaban cerrados, se encontraban dirigidos hacia lo alto.

Finalmente, el anciano abrió los ojos y volvió su mirada hacia Nigel para responderle.

—Es como si me encontrara en una habitación sin puertas ni ventanas donde comienza a faltar el aire y de pronto, sin poder ver por dónde, comienza a emanar una brisa de aire puro y refrescante. Y allí, al inspirar ese aire, una sensación de absoluta certeza recorre todo mi ser.

El anciano volvió a guardar silencio por breves instantes mientras observaba a Nigel; luego continuó.

—A través de estas palabras estoy intentando trasmitirte algo que es imposible de concebir o entender. El conocimiento acerca de la existencia de Dios no puede ser asimilado a través de los sentidos comunes o del intelecto. Ese conocimiento debe ser experimentado directamente.

El anciano se detuvo en ese momento para apoyar la palma de su mano sobre la mesa, delante de una hormiga que había decidido acompañarlos. Esperó pacientemente a que el laborioso insecto se trepara a su mano, para luego transportarlo con sumo cuidado. Una vez en el suelo, lo dejó acompañado por varias migas que desmenuzó de un trozo de pan que había tomado de su plato con su otra mano. Superada la interrupción de la hormiga, que distraía la atención de Nigel, pudo proseguir dialogando con él.

—Muchos son los preconceptos y tabúes acerca de la existencia de Dios. Esas ideas son las que no nos permiten acercarnos a Él. Sucede muy a menudo y hasta existen personas a las que el simple hecho de mencionarles la palabra "Dios" les produce un rechazo visceral.

"A veces asociamos ideas o palabras a religiones, corrientes filosóficas, instituciones o personas que no nos agradan. Debemos ser lo suficientemente hábiles para lograr discernir y separar el trigo de la cizaña. Lo mejor es, a mi entender, formarnos una imagen de Dios desde nuestra propia perspectiva, y tratar de filtrar todo cuanto percibimos a través del tamiz de nuestro corazón.

—¿A qué se refiere con "nuestra propia perspectiva"? —preguntó prontamente Nigel, siguiendo con atención los dichos de Markus.

—La esencia de Dios es imposible de percibir para nosotros en el estado en que nos encontramos habitualmente, pero podemos formarnos una idea con las herramientas que manejamos.

"Podemos crearnos una imagen de Él con atributos comprensibles para nosotros. Algunos sienten que Dios es la energía que todo lo mueve. Para otros, es el propio Universo y las

Leyes que lo gobiernan. Otros pueden verlo como un ser celestial supremo que gobierna a las demás jerarquías etéreas y terrenales. Incluso hay quienes afirman que nada puede decirse de Dios, pues escapa a nuestra comprensión.

"Ese sería el punto inicial para comenzar a formarse una imagen de Dios, a la que podemos llamar Energía, Padre o Madre suprema, el Todo, la Verdad, Leyes Universales, o los nombres que las religiones le han otorgado a lo largo de los siglos. Pero el nombre, la religión o los atributos que le asignemos son secundarios: lo que importa es que logremos percibirlo sin nombres, sin preconceptos, sin teñirlo con los colores que otros han formulado.

Markus hizo una pausa para apilar en un costado de la mesa los platos que habían quedado libres, y recoger unos trocitos de pan que había arrancado de su sándwich. Se dirigió hacia una de las ventanas, y arrojó hacia afuera el pan reservado, así servía de alimento a los pájaros que vendrían a visitarlo en la mañana. Tras esto, volvió a tomar asiento para continuar con el diálogo.

—Dime, Nigel, ¿recuerdas el concepto de entropía?

El médico contestó asintiendo con la cabeza, recordando que la entropía es un indicador del nivel de desorden de un sistema y que tiende a aumentar naturalmente.

—Tú sabes, entonces, que es altamente improbable que el caos se transforme espontáneamente en un sistema ordenado.

Nigel todavía no terminaba de asentir con la cabeza a la primera pregunta cuando el anciano ya le planteó la siguiente.

—¿No crees razonable que exista un orden superior que gobierna al universo?

Era cierto, él compartía esa idea desde hacía mucho. Entendía que tenía que existir un orden natural, una fuerza cohesiva que armaba rompecabezas de extrema complejidad. La teoría de la evolución y la casualidad no llegaban a ser suficientes para él cuando trataba de buscar una explicación sobre la existencia y funcionamiento del universo.

—Sí, debo admitir que comparto esa idea.

—Bien, entonces llámale como más te guste a ese orden superior, e intenta comprender más acerca de él.

Nigel se permitió tomar varios sorbos de té mientras analizaba calmadamente la pregunta que le plantearía al anciano. ¿Existirían realmente leyes de orden superior desconocidas para el hombre? ¿Existiría además una entidad superior que consolidara o estableciera esas leyes? ¿Cuál sería el sentido de la existencia del universo? ¿Por qué esa entidad superior habría creado el universo? Esas eran algunas de las muchas interrogantes que asaltaban a Nigel en ese momento.

Mientras tanto, Markus aprovechó la pausa en la conversación para dirigirse a la estufa y arrojar al fuego un par de trozos de leña que tomó de un viejo canasto de mimbre, al costado de la estufa. No quería dejar que se terminara la conversación, que ciertamente se había puesto buena. El fuego era un elemento importante en la atmósfera que se había generado, y por ello debía mantenerlo generosamente vivo.

Cuando el anciano volvió a tomar asiento, Nigel ya tenía preparada la primera pregunta.

—¿Y si realmente Dios no existiera? ¿Y si se tratara de una mera creación del hombre?

El anciano mostró una sonrisa amable y respondió de inmediato, como si ya hubiera respondido a esa pregunta infinidad de veces.

—Puedo asegurarte que una vez que hayas logrado el contacto con Él, aunque sea por una fracción de segundo, ya nunca volverás a dudar acerca de su existencia.

"Pero dejemos lugar a la duda y supongamos por un momento que Dios no existe.

"Para mi Dios es fuente de inspiración, de alegría, de sabiduría, de amor, y de muchas otras cosas. Es el bastón que me facilita recorrer los escarpados caminos de este mundo, en todo momento me ayuda a seguir adelante.

"Para aquel que no cree en Dios, ese bastón no existe, y debe transitar la vida, en el mejor de los casos, utilizando otras herramientas que tal vez lo aparten del camino más adecuado.

"De cualquier manera, te puedo asegurar que tarde o temprano ambos tendrán certidumbre acerca de la existencia de Dios. Si confirman que Dios no existe, el creyente habrá transitado el camino acompañado por un personaje ficticio, pero eso lo sabrá recién al final del camino. En cambio, el incrédulo llegará a la meta en compañía de su escepticismo, que posiblemente le generó pesar, soledad y desesperanza durante la trayectoria.

Se produjo una larga pausa en el diálogo. Nigel dirigió su mirada hacia el fuego de la estufa y, por algunos momentos, su mente se mantuvo desmenuzando los dichos del anciano. Este no quiso interrumpir sus pensamientos con más palabras; por eso aprovechó esta nueva pausa para completar las tazas con más té, todavía de temperatura agradable gracias al buen abrigo de la jarra que lo contenía.

Tras asimilar los comentarios del anciano, Nigel le envió la siguiente interrogante que rondaba en su mente.

—Si Dios realmente existe... ¿por qué creó al universo?

Markus se encontraba disfrutando del té que acababa de servir; sostenía la taza cerca de su nariz para apreciar el aroma que era elevado por el vapor. Al escuchar la pregunta, sonrió y apoyó su taza sobre la mesa, para luego acariciar el mantel hacia fuera y así liberarlo de las pequeñas ondulaciones que sus brazos le habían dibujado.

—¿Sabes cómo le llamo a esa pregunta? —preguntó el anciano sin esperar respuesta—. Es la prueba de sabiduría o test del sabio. Es tal vez la pregunta más difícil que puede formularse, y a mi entender puede servir para probar la profundidad del pensamiento o el conocimiento espiritual de la persona a la que preguntamos. De allí que, al menos a mí, me gusta llamarla de esa manera.

—No es mi intención probar su sabiduría, don Markus.

—Sé que no me lo preguntas para probarme. Pero aprovecho para aclararte que siempre deberías ser cauteloso con lo que escuchas, ves y lees.

"Lo que tomes, has de compartirlo con tu maestro interior: ese sí es un verdadero sabio, y sabrá indicarte si debes o no asimilar el material del que te nutres. Pero, en cuanto a tu pregunta, que yo también formulé muchas veces, te la responderé según lo que una vez un viejo sabio me contestó a mí.

En ese momento, Markus hizo una pausa y elevó su mirada con una sonrisa. Eran muchos los buenos recuerdos asociados con aquel viejo, que había conocido en un remoto lugar.

Según le dijo aquel sabio a Markus, durante mucho, mucho tiempo, el hombre y otros seres que habitan el universo han alimentado una idea. La idea de un dios todopoderoso. Esto lo han hecho por necesidad, por justificar algunos aspectos de la vida, por ejercer el dominio sobre sus pares, y por infinidad de otras razones.

Esa idea fue creciendo a lo largo del tiempo, sostenida por la energía de pensamiento, sentimiento y fe de incontable cantidad de seres.

Fue así que esa idea, a la que llamaron Dios, cobró vida, y poco a poco fue tomando conciencia de sí mismo, convirtiéndose en un ser viviente en el plano de lo etéreo.

Luego, ese Dios producto de sentimientos y pensamientos comenzó a desarrollar los atributos que le habían otorgado.

Y un día, al desarrollar casi por completo el estado de omnisciencia, quiso saber si en algún lugar existía un Dios como él, o tal vez, uno que no hubiera sido creado por el hombre.

Fue entonces que confirmó que sí existía, había un Dios todopoderoso, omnisciente, que había existido desde siempre.

Grande fue su sorpresa al darse cuenta que ese Dios eterno al que había encontrado era él mismo.

Recordó allí cómo había sucedido todo:

Dios tiene particular afinidad por las manifestaciones de formas lúdicas. Motivado por esto y por su gran curiosidad, cierta vez decidió jugar consigo mismo a las escondidas.

Quería saber si creando un universo y borrando el conocimiento acerca de sí, podía volver a manifestarse y recordarse reencontrándose a sí mismo.

Fue entonces que decidió crear ese universo, pero, de alguna forma, era necesario idear un mecanismo que en algún momento permitiera iniciar el proceso de reencuentro.

Elaboró un plan para esto: decidió crear unos seres especiales que habitaran ese universo. En ellos puso su esencia, pero suficientemente oculta, de forma que no fuera sencillo que alguien descubriera la estrategia que había elegido para jugar esa travesura.

Cuando decidió crear a esos maravillosos seres, portadores de oculta divinidad, quiso que ellos también fueran participantes activos de ese juego de las escondidas. Por eso, ellos también tienen un reto: encontrar e identificar esa llama sagrada que permanece siempre encendida, esperando a que su luz sea descubierta y liberada.

—Por eso, como te comentaba hace un rato acerca de los momentos en que percibo la existencia de Dios, cuando un ser humano encuentra esa mágica llama nos muestra a través de sus acciones, dichos o pensamientos una suerte de divinidad tangible. Una divinidad que puede verse a través de las acciones de servicio desinteresado, de la realización de obras de arte de indescriptible belleza, de la existencia de milagros que no pueden ser explicados sino aceptados.

Tras la narración de Markus, Nigel sonrió, pues ciertamente le había gustado su explicación: el porqué de la creación del universo, la complicidad velada entre Dios y el hombre para el desarrollo del juego.

—Sinceramente, me encantó su respuesta; solo por eso, he decidido acompañarlo mañana.

—Bien. Partiremos con las primeras luces del alba —respondió Markus con entusiasmo y un golpe de palmas.

Fue así como esa larga conversación llegó a su fin; sus protagonistas se dirigieron prontamente a descansar, para así robarle energías a la luna y devolvérselas al sol.

A la mañana siguiente, caminaron por la espesura de un bosque cercano hasta un claro. Al llegar, el anciano le solicitó a Nigel que se mantuviera a algunos metros de distancia de donde él se encontraba.

Markus se dirigió al centro del claro, se sentó con las piernas cruzadas y apoyó sus manos sobre sus muslos con las palmas hacia el cielo. Cerró apenas los ojos y se mantuvo con la espalda y la cabeza erguida. Hizo varias inspiraciones profundas y, luego de varios minutos de mantenerse en silencio, comenzó a recitar un mantra en un tono de voz particularmente grave.

De pronto, el anciano guardó silencio y se mantuvo inmóvil como si fuera una estatua. Fue en ese momento que, de entre los árboles, apareció un colibrí de intensos colores verde, azul y blanco. Voló en círculos recorriendo el claro y se dirigió hacia donde se encontraba Nigel. Para su asombro, el pájaro se le acercó a pocos centímetros, permaneciendo en vuelo estático. Nigel lo observaba con asombro; por la forma en que lo miraba, tuvo la sensación de que no se trataba simplemente de un pajarillo curioso. La singular escena le hizo recordar al colibrí que había visto en el sepelio de don Ángel. En ese momento, había llamado poderosamente su atención la presencia y el comportamiento de aquella ave hermosa y delicada.

Repentinamente, el pájaro se dirigió hacia Markus. Voló unos breves instantes a la altura de su rostro, luego fue ascendiendo lentamente para mantenerse en vuelo a escasos centímetros de su cabeza.

El anciano levantó su mano derecha y mantuvo la palma abierta a la altura del pecho, dispuesta horizontalmente. Luego de esto, y para aumentar la fascinación de Nigel, el colibrí se posó suavemente sobre su palma. El anciano entonces abrió lentamente sus ojos y con una amplia sonrisa se mantuvo observando detenidamente al pajarillo que tampoco le quitaba la vista de encima. Parecía como si ambos estuvieran conectados, comunicándose a través de la mirada.

Momentos más tarde, el colibrí emprendió vuelo y desapareció tan rápidamente como había llegado. El anciano volvió a colocar la mano sobre su muslo y se mantuvo en silencio por algunos minutos. Finalmente, juntó sus manos a la altura de su pecho y se agachó hacia el suelo en señal de reverencia.

Luego de ponerse en pie, Markus se dirigió hacia donde se encontraba Nigel.

—Hemos terminado, te agradezco que me hayas acompañado.

—El agradecido soy yo por haber presenciado ese increíble encuentro con el colibrí.

El anciano respondió sonriendo: —Parecía un colibrí, pero no lo era.

Lo primero que Nigel pensó fue que el anciano le estaba tomando el pelo o quería aprovechar la oportunidad para plantear alguna metáfora, pues era obvio que aquel pájaro sí era un colibrí, y por ello tuvo que plantear la pregunta obligada.

—¿Podría explicarme qué era entonces?

—Ayer te dije que iba encontrarme con mi maestro y a comulgar. Mi maestro decidió presentarse bajo la forma del ave que representa a nuestra tradición.

La expresión de incredulidad de Nigel fue tan obvia que provocó el comentario del anciano.

—Nigel, creo que si vas a seguir acompañándome tendrás que ser menos escéptico para ahorrarte tus habituales cavilaciones racionalistas. Y si en algún momento crees que estoy loco, seguramente estarás en lo cierto.

Nigel cambió inmediatamente su expresión y trató de disculparse.

—Es difícil asimilar el hecho de que una persona se transforme en un pájaro.

—En ningún momento mencioné que mi maestro se había transformado en un pájaro. Dije que se había presentado bajo la forma de un colibrí. Él tiene la capacidad de proyectarse en diferentes planos, sin perder su aspecto habitual. Estoy seguro que esto te parece muy extraño, pero espero que en poco tiempo logres aceptar este tipo de cosas.

—Estoy deseando que así sea.

Ambos emprendieron el camino de retorno y, luego de algunos minutos de caminata, Nigel se dirigió al anciano.

—Markus, ayer dijo que iba a encontrarse con su maestro y a comulgar con Dios; me habló del encuentro con su maestro pero no me dijo nada acerca de la otra práctica. ¿Fue antes o después de la llegada del colibrí?

—Fue antes y después, y también durante. Ayer te dije que en algunos momentos podía verlo para que lograras captar la idea. La verdad es que comulgo con Él en todo momento y lo siento tan cercano que es difícil para mí no sentirme parte de Él.

El anciano notó que Nigel comenzaba a sentirse incómodo con los conceptos que vertía acerca de Dios y, negando levemente con la cabeza, murmuró.

—Vaya, es asombroso que, a causa de la ilusión del tiempo, tenga yo que enseñar estas cosas a un místico que se ha vuelto escéptico.

Nigel logró escuchar lo que el anciano dijo y lo inquirió:

—¿Qué quiere decir con eso?

—No te incomodes, algún día las arenas que el viento del tiempo ha arrastrado serán removidas y comprenderás a este viejo loco— contestó, sonriendo.

Sería en vano continuar preguntando sobre eso al anciano; Nigel lo entendió así y decidió proseguir en silencio. Ignoraba lo cerca que se encontraba de encontrarle significado a todo aquello que Markus le mostraba.

LA TORMENTA

La duda no es sino un temblor trivial en la superficie del alma, mientras que en lo más profundo impera una tranquila certidumbre.

François Mauriac (1885—1970), escritor y periodista francés.

—Nigel, está listo el té, no demores que se enfría —fueron las palabras que lo despertaron esa mañana.

Las primeras percepciones que tuvo Nigel fueron del aroma de la leña quemándose en la estufa, y la fragancia de un sahumerio mezclado con el agradable aroma especiado que provenía de la jarra de té. El anciano conocía los secretos de las esencias, y todos los alimentos que preparaba, hasta los más sencillos, poseían embriagadores aromas que transportaban a quienes los percibían. Sobre la mesa había una jarra con dos pequeños vasos de estilo chino, acompañados de pan, frutas, manteca y mermelada.

Ambos se sentaron y Nigel tomó la iniciativa: se acercó el cuchillo y un trozo de pan que aún se encontraba tibio. Cuando se disponía a tomar la manteca, el anciano lo interrumpió.

—Nigel, deja eso un instante, por favor. Vamos a agradecer por el alimento que estamos por recibir.

Dejó todo lo que había tomado de la misma forma en que lo encontró y quedó expectante. El anciano bajó levemente la cabeza y con solemnidad dijo: —Damos gracias por este alimento que vamos a recibir. Que todos los seres puedan alimentarse como nosotros podemos hacerlo ahora. Gracias. —Luego, Markus levantó la cabeza y confirmó que ya podían empezar.

Nigel tomó nuevamente el trozo de pan mientras pensaba: "Vaya, demasiado religioso para mi gusto".

Markus, como si hubiera podido captar el pensamiento de Nigel, dijo entonces:

—He dado las gracias para que tomemos conciencia del trabajo que existe detrás de los alimentos que nos llevamos a la boca.

"Muchas son las horas de sol, muchos los litros de agua de lluvia, mucho es el trabajo del hombre que cosecha y del que amasa, mucho el esfuerzo del animal que es utilizado para labrar la tierra. Nunca pierdas de vista que detrás de las cosas más simples hay mucho esfuerzo, trabajo, y tiempo invertido para lograr eso que, a veces, parece ser sencillo de obtener.

"También, cuando agradecemos, aprovechamos para desear que los demás puedan tener alimento. Hay personas en el mundo para las cuales un pedazo de pan es todo un banquete. Por eso pedimos: para que los que no tienen, tengan. Y el simple gesto de dar gracias es beneficioso para nosotros mismos, porque es en sí una bendición; todo lo que se da, de una u otra forma regresa.

El anciano maestro terminó la explicación mientras Nigel lo escuchaba atentamente.

—Don Markus, usted revoluciona mis pensamientos cada vez que realiza algún comentario. Generalmente nunca presto atención a las cosas desde ese punto de vista.

—Estás aquí para eso, Nigel, para que prestes atención, para que despiertes tu conciencia.

En ese momento, a la mente de Nigel volvieron las palabras que don Ángel le había dicho en su sueño: "El camino de la felicidad es el camino del despertar de la conciencia".

Recordó que don Ángel predijo que tendría experiencias y encuentros poco comunes que le ayudarían a recordar. También rememoró la experiencia con aquella misteriosa mujer de la tienda. La suma de esos recuerdos le dio, no sabía por qué, cierta confianza respecto al camino que estaba recorriendo y al tiempo que estaba invirtiendo en aquel lugar alejado, junto a este excéntrico personaje.

Markus lo observaba mientras bebía su taza de té, con una mirada que hizo creer a Nigel que podía percibir claramente lo que él pensaba.

—Usted por momentos me pone un poco nervioso.

—Bueno, deberías tenerme confianza, y yo debería inspirarte tranquilidad. Pero es normal que estés nervioso: todo lo desconocido nos despierta cierto temor. Eso pasará, los que están en el camino de la verdad tarde o temprano dejan definitivamente de lado el temor. La fe y la confianza no le dejan el espacio suficiente.

Markus ya había logrado percibir que Nigel tenía problemas con la confianza hacia otras personas y esto no le permitía estar suficientemente receptivo a los conceptos que intentaba transmitirle.

A lo largo de su vida, Nigel había tenido varias desilusiones. En su juventud sufrió el engaño de su novia, a quien él amaba profundamente. A partir de allí, vivió un período de amoríos livianos, de escasa duración, hasta que finalmente conoció a quien luego se convertiría en su esposa. Decidió formar una relación más sólida con Claudia, pues parecía ser una buena candidata para el matrimonio, además de que ya estaba resignado en la búsqueda de la mujer ideal. Había desestimado la posibilidad de construir la misma relación que tuvo con aquella chica que años antes había roto su corazón.

En la universidad lidió con el amargo sabor de la competencia entre sus compañeros de estudios. Las expresiones de algunos colegas habían quedado marcadas en su recuerdo; parecían alegrarse cuando atestiguaban el fracaso de los demás, ya fuera por no obtener buenas calificaciones en las pruebas o por abandonar los estudios.

Cuando llegó el momento de desempeñarse en el plano laboral, le tocó atravesar otros aspectos, para él también decepcionantes, de la relación con sus pacientes y colegas. En particular, sentía una mezcla de disgusto y decepción cuando se encontraba frente a la envidia o hipocresía de las personas con las que debía relacionarse.

Pero más allá de las amargas experiencias que recordaba haber vivido hasta ese momento, se percibía aún algo más profundo que hacía de Nigel alguien tan desconfiado con el género humano.

Transcurrieron unos minutos durante los cuales simplemente se limitaron a disfrutar de los alimentos en silencio, silencio que fue interrumpido por Markus.

—Bueno, se nos está yendo la mañana, tenemos que ponernos en marcha. Necesito que me ayudes con algunas cosas —indicó al tiempo que limpiaba su boca con una servilleta y se disponía a ponerse de pie.

—Cómo no, ¿en qué lo puedo ayudar?

—Mira, para empezar habría que recoger leña. Cerca de aquí hay un buen lugar donde se consigue abundante leña de viejos árboles caídos. Afuera de la cabaña encontrarás un carro de mano y un hacha que te serán de ayuda en la labor.

Luego de recibir las instrucciones para llegar al lugar donde se encontraba la leña, Nigel se puso su chaqueta de lana, casualmente estilo leñador, y se dirigió hacia la puerta. Antes de tomar el picaporte revisó sus bolsillos, solo por la costumbre de asegurarse que llevaba consigo los efectos personales necesarios. Cuando palpó uno de los bolsillos interiores de su chaqueta, por un instante le llamó la atención que allí hubiera algo. En el momento que extrajo el objeto, vio que se trataba del rosario que la vidente le había regalado; por asociación con los hechos poco comunes que se estaban dando en su vida, se había sentido impulsado a llevarlo consigo en ese viaje.

Markus llegó a verlo y le dijo: —Qué bueno que lleves contigo un rosario alquímico. Los hombres que andan solos por estas tierras acostumbran llevar consigo algún objeto especial como ese.

—No lo he activado todavía —repuso Nigel, dando a entender que de momento no era tan especial.

—Entonces ten presente las instrucciones para activarlo, nunca se sabe cuándo necesitarás hacerlo.

Nigel volvió a guardar el rosario en su bolsillo, acompañado de la hoja con las instrucciones para su activación, y se marchó.

Según le había indicado el anciano, Nigel tomó el camino hacia el bosque de árboles caídos. El lugar era llamado así por la gran cantidad de árboles derribados en uno de los temporales más fuertes de los últimos cien años. En la zona de ese bosque, el suelo era bastante más arenoso que en otros lugares; eso provocó que muchos de los árboles, víctimas del fuerte viento, fueran arrancados de raíz.

Nigel llevaba más de media hora de caminata y ya había comenzado a impacientarse; según el anciano, el lugar se encontraba a pocos minutos de la cabaña. Decidió descansar a la sombra de un sauce, tendiéndose cómodamente sobre la gramilla. Esa sinfonía de sonidos, compuesta por el canto de los pájaros y el viento al agitar las hojas de los árboles, lo arrullaron transportándolo a un profundo sueño.

Un estruendo lo sobresaltó. Se incorporó de golpe y miró a su alrededor para hallar con sorpresa que el cielo estaba cargado de amenazantes nubarrones oscuros. Un fuerte viento levantaba el polvo del camino, que por momentos lo enceguecía a pesar de protegerse el rostro con sus manos. De inmediato tomó el carro y emprendió lo que creía sería el camino de regreso a la cabaña. Pero cuanto más apuraba el paso, más parecía arreciar la tormenta.

Tras recorrer un tramo cuesta arriba, giró para mirar hacia atrás. El paisaje era majestuoso, pero al mismo tiempo aquella violenta combinación de viento, nubes y relámpagos, que se cernían sobre las praderas y bosques, le infundía temor.

Al volver la vista hacia el camino le pareció ver a lo lejos una casa. Sí, era la antigua casa del molino. "Voy a guarecerme allí hasta que pase la tormenta", pensó, mientras dejaba a un costado del camino el carro de la leña y emprendía la corrida, a campo traviesa, en dirección a la casa.

Justo en el momento en que se desplomaba una densa cortina de agua, logró subir el escalón de entrada y protegerse debajo del alerón en la casa del molino. Golpeó reiteradas veces pero nadie contestó. Decidió entonces atreverse a entrar; abrió lentamente la puerta mientras con voz fuerte se anunciaba: —¡Hola! ¿Hay alguien aquí?

Una vez en el interior, Nigel se dio cuenta de que el lugar estaba abandonado desde hacía mucho tiempo. El aire era frío y estaba cargado de un penetrante hedor a humedad. Los adoquines de las paredes que se encontraban más cercanos al suelo se veían cubiertos de un musgo verdoso. En algunos lugares de esa estancia había crecido vegetación, justamente debajo de los agujeros por donde ingresaban las gruesas gotas de lluvia que caían en ese momento. Se aproximó con cuidado, tratando de no resbalar con el musgo de algunas baldosas, hacia uno de los rincones; allí había leña amontonada y trozos de madera, provenientes de muebles que alguna vez habían sido utilizados en el molino.

Acomodó cuidadosamente los maderos más secos y pequeños en la estufa; luego, con un trozo de estopa que había arrancado del interior de un almohadón cubierto de polvo y moho, encendió un generoso fuego gracias al encendedor que uno de sus pacientes le había regalado. Se sintió agradecido de poder sentarse cerca del fuego para calentarse; afuera, el viento azotaba con violencia los postigos de la antigua construcción.

El tiempo transcurría, la tormenta no amainaba y la leña se iba consumiendo rápidamente. Nigel se sentía cada vez más preocupado. Pese a encontrarse bajo techo, se sintió vulnerable: al final de cuentas nadie sabía dónde se encontraba. La persona que podía ayudarle en ese momento era Markus, pero la verdad es que Nigel no creía que pudiera socorrerlo si la tormenta empeoraba todavía más.

El temor comenzó a apoderarse de él cuando notó que el techo de la antigua casa se quejaba con largos crujidos, al tiempo que trozos de revoque caían por doquier. Consideró que a pesar de tratarse de una casa bien construida, seguramente los años habrían debilitado la estructura. Ya no se sentía tan seguro allí: ahora se encontraba ante la disyuntiva de mantenerse en el lugar o salir a la tormenta. La decisión no era sencilla.

De pronto, en el oleaje de indecisión, algo le hizo recordar que en el bolsillo de su chaqueta llevaba el rosario. Entonces vino a su mente las palabras de la mujer que se lo obsequió: "Cuando llegue el momento adecuado, sabrás que debes activarlo. Tal vez sea un momento en que te sientas solo, o estés en apuros, o simplemente porque tu corazón te lo pide".

Sí, ese era el momento indicado para realizar la activación, decidió Nigel.

Sacó el rosario y lo apoyó frente a él, sobre los restos del antiguo almohadón que lo separaba de la estufa. El fuego iluminaba el rosario de una forma muy especial; sus cuentas brillaban como nunca antes, parecía que poseían luz propia.

Nigel desplegó el papel —que nunca antes había leído— con las instrucciones para activar el rosario. Lo leyó detenidamente varias veces, memorizó las instrucciones y oraciones que serían necesarias en el ritual de activación. Finalmente, tomó el rosario entre sus manos y siguió las indicaciones al pie de la letra.

Cuando terminó de realizar el ritual, lo abordó una sensación de paz y seguridad tan profunda que el temor que le generara la tormenta desapareció por completo. Se mantuvo inmóvil frente a la estufa, en estado de contemplación, observando el fuego mientras con sus manos recorría las cuentas del rosario. Se había establecido una especie de comunión entre aquel objeto y él.

Varias horas transcurrieron y, durante ese tiempo, Nigel se mantuvo absorto en una especie de profundo trance.

Repentinamente tomó conciencia de que la tormenta ya había pasado y, junto con ella, también la noche. Para él fueron tan solo algunos minutos; no buscó explicación de cómo pudo haber perdido tanto la noción del tiempo.

Guardó con cuidado el rosario en el bolsillo interior izquierdo de su chaqueta, no sin antes realizar una pequeña reverencia y agradecer por la experiencia que había vivido allí. Emprendió luego el regreso a la cabaña; al abandonar el lugar, notó con agrado que el clima le sonreía con aire fresco y puro, un día claro y un sol radiante.

Caminaba lento; una profunda armonía lo colmaba. Su mente ya no lo atormentaba como antes, sus pensamientos se habían sumergido en un profundo mar de confianza.

Cuando Nigel regresaba, Markus lo estaba esperando sentado en el último escalón de entrada a la cabaña; lo acompañaba Coco, el perro callejero de grueso pelaje grisáceo que Markus había adoptado, aún cachorro, cuando lo encontró herido en un campo cercano. También estaba Lalo junto a ellos, el gato negro que había pasado a ser parte de la familia desde el día en que fuera rescatado de una fuerte nevada.

Para completar el equipo de mascotas, solo faltaba Memeco, el pequeño lorito verde que un día había llegado a la ventana de Markus en busca de comida. Evidentemente, era una mascota exótica que había escapado de su hogar. Desde el día en que llegó, Memeco siempre hacía lo mismo: salía temprano en la mañana y regresaba en la tarde. El anciano había hecho un hueco en una de las paredes de la cabaña para que el pajarillo pudiera ir y venir con total libertad.

Los tres animales, por su amigable comportamiento e inteligencia, mostraban haber asimilado la calma y sabiduría de su adoptador.

Markus se puso de pie cuando vio a Nigel a pocos metros de la entrada a la cabaña; durante unos segundos lo observó detenidamente.

—Veo que el encuentro con la tormenta te ha permitido un avance muy importante en el camino que has de recorrer.

—Es cierto, he vivido una experiencia única y mi mente no intenta buscar explicaciones sobre ello.

—Me alegro que así sea. Ahora podremos ponernos a trabajar con mayor profundidad.

EL PÁJARO

Si Tú nos enviaste el mal a la Tierra, sin duda fue por amor. Todos los males del mundo físico tienen por objeto el bien de Tus criaturas, o son los siervos inevitables de ese bien. Y Tú conviertes ese mal en bien. Visitas a los hombres con el mal para llevarlos por la senda del arrepentimiento, para que, por medio de la virtud, alcancen un bien mayor en el futuro. Nada sucede en vano, sino que posee una finalidad benévola.

John Henry Newman (1801—1890), cardenal católico británico.

Nigel tomó la decisión de aprovechar al máximo la experiencia de aprendizaje que el destino había puesto en su camino. No vaciló en comunicarse con su esposa y compañeros de trabajo para anunciar que permanecería algunas semanas más en Whitewaters. Lo hizo a través de una llamada telefónica, desde la casa de uno de los vecinos de Markus, ya que el anciano no contaba con teléfono y su casa estaba fuera del área de cobertura de telefonía celular. Nigel sabía que tenía que hacerlo así porque, si volvía para dar la noticia personalmente, podría sucumbir a las presiones de familiares y colegas. Presiones y reclamos que efectivamente recibió, pero pudo manejarlos con distancia y llegar a un acuerdo con los que exigían su presencia en el lugar al que —aseguraban ellos—pertenecía.

Una tarde, Nigel se encontraba caminando por el bosque junto a Markus, a quien había aprendido a valorar por el profundo respeto a la sabiduría que había demostrado poseer.

Durante la marcha, Nigel vio un pájaro tendido al costado del sendero. De inmediato se apresuró a tomarlo en sus manos.

—Pobrecito. Está herido, tal vez fue atacado por otro animal —dijo luego de revisarlo.

El pájaro se acurrucó en sus manos, y permaneció con los ojos cerrados, como si se sintiera a gusto allí.

Nigel había sido desde pequeño un amante de los pájaros. Amaba verlos volar libremente y aprovechaba la oportunidad de entrar en contacto con ellos siempre que podía. Por eso, de vez en cuando, cuando su ocupada agenda le permitía algunos minutos de escape, no dudaba en detenerse en algún espacio verde para dar migajas o semillas a los pájaros que se le acercaran. Había aprendido de su tía abuela Marie, una de las hermanas de su abuela paterna, a estar atento para llevar consigo algún alimento que fuera de interés para las aves, si tenía la posibilidad de visitar alguna plaza o parque.

Ciertamente, Marie había sido amante de los animales y particularmente de las aves. Ese amor por los animales era parte del legado que su bondadosa tía abuela le había dejado durante su niñez.

Cuando Nigel iba de visita con su padre a la casa de Marie, ella (seguramente porque percibía en él los mismos sentimientos que habitaban en su propio corazón) lo llevaba hasta la azotea de su casa; el padre se quedaba conversando con sus otras tías, quienes compartían la misma casa desde hacía años. Allí, en la parte más alta de la casa, Marie había construido una especie de ático que era utilizado para dar cobijo a los pájaros heridos que encontraba, y a aquellos que libremente iban y venían utilizando aquel lugar como su refugio.

En aquella azotea Nigel podía estar en contacto con los pájaros de Marie, y también recibir con mucho agrado las interesantes clases de ornitología, disciplina que ella había estudiado como autodidacta a lo largo de varios años. Por eso, cuando alimentaba las aves o estaba en contacto cercano con alguna de ellas, Nigel recordaba con mucho agrado aquellas hermosas tardes de domingo que pasaba con su amada tía abuela.

Markus —que observaba detenidamente como Nigel mantenía con extrema delicadeza a aquel pájaro entre sus manos, como si se tratara de una frágil escultura de cristal viviente— le alentó.

—¿Por qué no practicas lo que has aprendido hasta ahora?

—¿Cree usted que obtenga resultados? —le preguntó, sin sacar la vista del pájaro.

—Estoy seguro de que los tendrás.

Nigel puso en práctica uno de los métodos que había aprendido del anciano. Acercó el pájaro a su pecho, murmuró una oración y se mantuvo en silencio por breves instantes. Al hacer esto, el pájaro abrió los ojos, levantó la cabeza y lo miró.

Maravillado, el médico abrió un poco sus manos para que el pájaro estirara sus alas y emprendiera el vuelo.

El pájaro mantuvo fija su mirada por un instante y cayó muerto.

El rostro de Nigel se desfiguró, una profunda sensación de frustración se apoderó de él y de inmediato buscó al anciano con la vista. Este lo observaba inmóvil, sin decir palabra; así se mantuvo hasta que Nigel, evidentemente apenado, le pidió una explicación.

—Pero... ¿cómo puede haber sucedido esto? ¿Qué hice mal?

El anciano se mantuvo en silencio por algunos instantes más, para luego responderle.

—Nigel, has sanado al pájaro, has cumplido con tu tarea.

—¿Pero qué dice? El pájaro ha muerto, ¡no lo he salvado!

—Nigel, tú serás un sanador, no un curandero. Tu misión es ayudar a los seres para que sanen sus heridas en todos los niveles y puedan seguir adelante.

"No será la primera vez que te suceda esto, pero en el futuro, seguramente sabrás de antemano cómo se precipitarán los hechos. Incluso, si sigues avanzando en cierta dirección, tal vez seas uno de aquellos que logran ayudar más allá de la muerte.

"En este caso has ayudado al pájaro a continuar con su evolución, con su camino, has acelerado un proceso que le hubiera llevado más tiempo. Tú le has asistido para que él pudiera avanzar más rápidamente.

—Entonces, Markus, ¿por qué me siento así? Realmente me siento muy apenado por este animalito.

—El pájaro ahora se encuentra en otro estado de evolución, su vida continúa. La pena que experimentas probablemente venga de tu frustración por no obtener el resultado que crees más conveniente.

El anciano estaba en lo cierto. Tal vez el recuerdo de la tía Marie con su buena mano para curar y proteger a las aves actuó en conjunto con la incapacidad de lograr el resultado que el médico esperaba. Markus notó que la amargura que había invadido a Nigel estaba nublando su capacidad de comprensión. Por ello decidió ahondar en el tema, para que la espada del discernimiento cortara el velo que impedía el paso de la luz hacia el corazón de su discípulo.

Entendió conveniente explicarle, a través de una metáfora, que la vida es como una obra de teatro donde nosotros somos los actores. En una obra nos toca interpretar determinado papel, y debemos ataviarnos con el disfraz que nos corresponde. Luego, en otra obra cambiamos el ropaje y el papel, pero nosotros continuamos. No desaparecemos al final de la función: el que desaparece es el personaje. El actor continúa su vida.

En cada obra aprendemos y crecemos, nos vamos puliendo; poco a poco, obra tras obra, el actor logra desarrollarse más y más. Es ese uno de los motivos por los que venimos a este mundo: para aprender, para crecer, para elevarnos y lograr ser actores que brillen por su propia luz interior.

Cada actor tiene su propio papel, su propia misión. En algunos casos nos tocan roles difíciles, en los que el personaje tiene que experimentar pesadas vicisitudes. En otros casos, el personaje tiene un pasar más llevadero. Pero, según le indicó el anciano a Nigel, en el primer caso, cuando la misión es difícil, es cuando el actor crece más.

La clave de la evolución está en saber identificar las lecciones que se nos presentan, saber afrontarlas y tratar por todos los medios de superarlas. Si no estamos conscientes, o si simplemente tratamos de evitar afrontar esas lecciones, una y otra vez volverán a sucederse inexorablemente. Es como si tuviéramos que rendir un examen: hasta que no lo hayamos aprobado, mantendremos la asignatura pendiente y eso no nos permitirá que avancemos en nuestra carrera. Por eso, debemos estar siempre atentos, siempre conscientes. Las cosas suceden porque tienen una causa, nada surge de la casualidad.

Cuando el anciano le habló acerca de las causas a Nigel, este de inmediato le planteó algunas preguntas.

—Pero hay casos en los que es difícil encontrar la causa de las cosas. ¿Por qué hay gente que fallece de hambre, Markus? ¿Por qué hay enfermedades incurables? ¿Por qué hay guerras donde mueren tantos inocentes?

Markus, con la calma que poseen los hombres sabios, le contestó pero no sin antes realizar una breve pausa para inspirar profundamente.

—Desde la perspectiva del tiempo, de lo efímero, esas son injusticias. Desde la perspectiva de lo atemporal, de lo trascendente, de la conciencia expandida, esos males tienen su explicación. Son los sucesos que más nos duelen, pero si logramos el discernimiento, lograremos encontrarles un sentido.

"Justamente, esas cosas que mencionas, se deben principalmente a la ley de causa y efecto, pues todo cuanto hagas, todo cuanto digas, y todo cuanto pienses, tarde o temprano tendrá su efecto.

"El universo es un sistema cerrado que actúa de forma reflexiva ante nuestras acciones. Todo, en algún momento, regresa de una u otra forma. Por eso, como dice el refrán, cosechamos lo que sembramos. Será una gran virtud que tengas esto siempre presente y actúes en consecuencia.

El maestro continuó, retomando el concepto de que en el mundo existen muchas injusticias, maldad y sufrimiento. Al mismo tiempo, señalaba con su mano a un ave que alimentaba laboriosamente a sus dos polluelos. Se encontraban en un nido, el cual había sido cuidadosamente construido en la base de una rama alta de un gran roble. De esa forma, aunque el anciano estaba admitiendo la existencia de aspectos negativos en el mundo, con esa hermosa escena le mostraba a Nigel al mismo tiempo que también existen belleza, paz y alegría.

Luego de tomarse varios minutos para disfrutar del espectáculo de aquellos pajarillos, Markus prosiguió explicándole por medio de la metáfora del actor.

—El personaje utiliza una visión dualista para asimilar los hechos. Pasa todo por un tamiz que le permite separar las cosas, dando una valoración a todo, bueno o malo, correcto o incorrecto, justo o injusto. En todo momento está viendo una sola cara de la moneda. Cuando se desarrolla la conciencia, es posible ver simultáneamente ambas caras, y con esto se alcanza la comprensión.

"A veces, también lo que en apariencia es negativo resulta necesario. Sin las cosas negativas no lograríamos desarrollarnos. A menudo suceden hechos desafortunados que nos permiten crecer. Por eso Siddhartha, uno de los más grandes maestros de la tradición, dijo: "El dolor es vehículo de conciencia".

Nigel se mantuvo al lado del anciano, quien comenzó a caminar lentamente por el sendero que serpenteaba entre antiguos y enormes árboles, de hermosa vegetación con múltiples tonalidades de verde. Acompañado por el canto de los pájaros y el fresco aroma de las plantas silvestres en los alrededores, continuó expresándose.

—Muchas veces, en esta vida nos encontramos sumergidos en un sopor de seudofelicidad. Nos regodeamos con riquezas materiales, nos atamos a familiares y amigos, nos adornamos con títulos y reputación. Y, en medio de esa existencia adormecida, de pronto ocurre un hecho desafortunado que da lugar al escape de ese estado de somnolencia. Es entonces donde comenzamos a replantearnos lo efímeras que pueden llegar a ser aquellas relaciones y cosas.

—Sabias son sus palabras Markus, pero difícil es alcanzar esa comprensión de la que me habla —dijo Nigel tras el prolongado silencio que se produjo luego de los dichos del anciano.

—No existe tarea más difícil y sin embargo todos, tarde o temprano, de una u otra forma, terminamos por embarcarnos en ella.

El anciano hizo una prolongada pausa mientras seguían caminando lentamente por el bosque, para luego continuar con el concepto que intentaba compartir con Nigel.

—Tres son las llaves que puedes utilizar para alcanzar la comprensión. La llave del conocimiento, la llave del servicio desinteresado y la llave de la devoción.

Nigel se apresuró a preguntar.

—¿Cuál de ellas debo utilizar?

—Esa decisión es tuya, pues hay tantos caminos como seres en el universo. Valiéndote de esas llaves, debes recorrer tu propio camino; las elecciones que tomes durante la marcha dependerán de tu propia naturaleza y de las experiencias que te toquen vivir.

—¿Cuál de esas llaves ha utilizado para recorrer su camino? —Evidentemente, Nigel quería tener en ese mismo momento algún indicio del camino que le sería más conveniente tomar.

—Mira, te diré cómo utilicé las llaves en mi caso. Al comienzo de este maravilloso viaje era un escéptico arrogante, que creía tener las respuestas para todo en esta vida.

"Mi primer contacto con lo trascendente fue a través del conocimiento. Tiempo después pude gozar de la dulce satisfacción de brindar servicio desinteresado, y me di cuenta de que en mi interior se movilizaban fuerzas y sentimientos poderosos. Finalmente, encontré en la devoción la solución a una necesidad insatisfecha que había permanecido oculta pero latente durante muchos años.

"Como ves —prosiguió Markus—, a pesar de que me he valido de las tres llaves, siento especial afinidad por la devoción, y es justamente esa, esa llave, la que puede ayudarnos a llegar más fácilmente a la felicidad plena.

A Nigel no le satisfizo del todo la respuesta de Markus, tras lo que respondió al tiempo que negaba levemente con su cabeza.

—No sé si ese sea mi caso, don Markus.

—Sabes, a veces me imagino un encuentro entre el joven y escéptico Markus con este Markus viejo que tú conoces. Y estoy seguro que sus discusiones hubieran sido por demás acaloradas, sin lograr ponerse de acuerdo en los conceptos más básicos. Por ello te aconsejo que no digas "de esa agua no he de beber", pues podrías llevarte una agradable sorpresa cuando te encuentres preguntándote cómo fue posible que llegaras hasta allí, sin el sustento de esa agua.

—Dudo que en mi camino la herramienta más importante sea la devoción —dijo Nigel, ratificando su postura.

El anciano giró la cabeza para mirar a su discípulo y, tras observarlo brevemente, le dijo:

—Sí lo fue en un tiempo, Nigel.

—¿A qué se refiere? —preguntó, mientras detenía su marcha para observar fijamente al anciano.

Markus prosiguió caminando sin detenerse, dejando atrás a Nigel y alzando un poco la voz para que sus palabras llegaran hasta donde se encontraba su discípulo.

—¡Ya te lo he dicho! ¡A su debido tiempo, a su debido tiempo!

El maestro no quiso ahondar sobre ese tema. Acompañado de un gesto de su mano, le solicitó que se apresurara pues tenían mucho por hacer. Continuaron andando por el bosque, mientras observaban y hablaban sobre las especies de plantas que encontraban en el camino y sus propiedades medicinales.

El Regreso

Solo podéis obtener una clara visión de la Realidad a través de vuestros propios ojos, cuando los ha abierto la comprensión espiritual, nunca a través de los ojos de algún otro vidente. A través de nuestros propios ojos aprendemos cómo es la luna: ¿cómo podríamos aprender esto a través de los ojos de los demás?

Sankara (788—820), profeta de la India.

Esa mañana Nigel se despertó a las cuatro de la mañana, lo que ya se le había hecho costumbre. Hacía muchas semanas que se encontraba practicando y aprendiendo las enseñanzas de Markus. Había desarrollado habilidades sorprendentes, muchas de las cuales él mismo no creía que fueran reales antes de lograr dominarlas.

Salió para realizar una práctica de comunión con la naturaleza. Para su sorpresa, se encontró al anciano en la puerta de la cabaña mirando las estrellas. Se puso a su lado e hizo un silencio de breves instantes antes de saludarlo.

—Buen día, Markus.

—Buen día, Nigel.

Por el tono de voz, notó que su maestro tenía algo importante que decirle. No demoró mucho en hacerlo.

—Nigel, has adquirido conocimientos, has desarrollado las artes y vienes logrando un gran crecimiento espiritual. En muchos aspectos, me has superado.

—No, Markus, no diga eso —le interrumpió Nigel, pues sentía un profundo respeto hacia el maestro.

—Es así, Nigel, y siento una enorme alegría por ello —continuó con una sonrisa—. A veces veo reflejado en ti mi propio recuerdo de cuando aún era joven.

Tras una pausa en su decir, rememoró sus comienzos en el camino que lo había llevado hasta allí, y se dispuso a narrar su historia a Nigel.

Markus había nacido en una familia humilde y había demostrado ser brillante desde muy pequeño. Al cumplir diecisiete años, viajó para estudiar en una prestigiosa universidad gracias a una beca que había conseguido por sus altas calificaciones. Sentía pasión por las ciencias, en particular por las ciencias exactas. Logró graduarse con honores, y a los veintiocho años ya contaba con un posgrado en Física y Matemática. Dedicó los años subsiguientes a la investigación y la docencia en la misma universidad que lo formó.

Era un hombre absolutamente racional: para él, todo debía ser demostrado formalmente. Sus colegas y alumnos sentían respeto por sus conocimientos, pero no lo apreciaban como persona puesto que era extremadamente exigente con sus alumnos. En el transcurso de sus clases, ni siquiera admitía que le realizaran preguntas que él consideraba triviales.

Un día, un colega de Markus le solicitó que permitiera participar en su clase a uno de los bibliotecarios de la universidad.

—Markus, este hombre conoce bien tus trabajos y trayectoria. Me pidió que le permitiéramos conocerte y asistir a una de tus clases.

—Dan, tú sabes que trato tópicos avanzados de matemática. ¿Crees tú que podrá soportar los primeros diez minutos de clase sin caer profundamente dormido por el aburrimiento?

—Mira, te entiendo, y yo mismo intenté convencerlo argumentando algo similar, pero este hombre insistió e incluso me dio a entender que poseía los conocimientos necesarios para aprovechar tu clase. —Ese comentario llamó la atención de Markus, al punto que lo tomo casi como un desafío, por lo que accedió.

—Está bien, dile que puede asistir cuando guste.

Al día siguiente, Markus se encontraba mostrando la aplicación de un largo teorema a su selecto grupo de alumnos de la licenciatura en Matemática. Tras una pausa en las palabras de Markus, y opacando el sonido que producía el desplazamiento de la tiza sobre el pizarrón, alguien interrumpió al afamado docente.

—Profesor, disculpe, tengo una duda.

Markus quedó congelado con la vista fija en uno de los símbolos que había escrito momentos antes, y su habitual impaciencia lo llevó a que surgiera en su cabeza la interrogante: "¿Quién será el atrevido que osa interrumpirme en el mejor momento de la demostración?"

Le tomó algunos segundos girar, al tiempo que refregaba sus manos para liberarse de los restos de tiza.

Enfrentado a sus alumnos, levantó la mirada para determinar a quién debía ejecutar. Para su sorpresa, se encontró con que se trataba del bibliotecario.

Dudó por uno segundos. ¿Qué debía hacer? ¿Destratarlo como lo hacía con sus brillantes alumnos, o tener un poco más de paciencia por tratarse de un aficionado? Aficionado al que se le había explicado que se aventuraba a meter la cabeza dentro de la boca del león.

Inspiró profundo para acallar la necesidad de ser absolutamente implacable y, con el final de exhalación, estiró levemente su mano hacia el bibliotecario alentándolo a expresar su duda.

Las primeras palabras del bibliotecario fueron ignoradas por Markus, quién se quedó observando los pájaros que saltaban en las ramas de un árbol cercano a la ventana del salón. Prefería invertir su atención en disfrutar de la gracia de aquellas aves, en lugar de escuchar al bodoque que seguramente plantearía alguna consulta básica, de esas que le generaban un tremendo hastío.

Luego de transcurrida una considerable cantidad de tiempo, desde que le había dado la palabra a su alumno temporal, tomó conciencia de que estaba ante alguien que tenía un profundo dominio de la temática, y logró retomar el hilo de lo que le estaba exponiendo gracias a su excepcional capacidad intelectual. Eso lo llevó a concentrar toda su atención ante aquella persona que, de pronto, había pasado de ser un personaje aburrido a un potencial intelectual de alto vuelo.

El bibliotecario estuvo varios minutos desarrollando su pregunta. La mayoría de los alumnos se habían perdido en el transcurso de la exposición. Algunos de ellos estaban asombrados por el despliegue del aficionado, otros estaban expectantes por la respuesta que daría el docente.

Finalizada la pregunta, el murmullo que se había generado en el salón dio paso a un silencio sepulcral. Markus no daba crédito a lo que estaba sucediendo, jamás había estado en tal situación. Le parecía una pesadilla: el afamado erudito en matemática no era capaz de responder a la pregunta que se le estaba formulando. Por momentos, hasta le había costado seguir debidamente el desarrollo del razonamiento del visitante. Finalmente, había encontrado la horma de su zapato: los roles se habían intercambiado, y esta vez, él era la victima de la humillación.

Markus acudió a su gran poder de concentración, se paró frente al pizarrón y comenzó a analizar el problema olvidándose por completo de que a sus espaldas había un grupo de alumnos esperando con avidez el desenlace de la situación.

—Tiene razón —dijo Markus, interrumpiendo abruptamente los diálogos que se habían entablado entre los alumnos durante los minutos que le insumió el análisis del problema.

"Hay una condición de borde donde se cumple lo que usted dice, es un caso particular de la aplicación —dijo dirigiéndose a quien había venido a perturbar la hegemonía en su clase—.

"Se me ocurre una idea. Teniendo en cuenta que su aporte es válido y que se encuentra inspirado, me gustaría que en la próxima clase demostrara para todos nosotros que se cumple ese caso particular que usted indica.

—Será un placer profesor —respondió el oyente, asintiendo con un gesto de su cabeza al imperturbable desafiante.

Markus, en parte intrigado y en parte con su orgullo bastante pisoteado, continuó con la clase según lo estipulaba el programa del curso. Luego de que finalizara, Markus se dirigió a su oficina que se encontraba dentro de las instalaciones de la universidad, a algunos cientos de metros del módulo C, el edificio donde habitualmente impartía clases a sus alumnos.

Esa vez interrumpió sus ejercicios mentales.

Markus tenía por costumbre, mientras caminaba por las instalaciones de la universidad, hacer ejercicios de cálculo con todo aquello que pudiera relacionarse con números: sumar y multiplicar los dígitos de las matrículas de todos los automóviles que viera, asignar números arbitrarios a cada letra del alfabeto y realizar operaciones con los apellidos de los funcionarios y alumnos con los que se cruzaba, tan rápido como pudiera para finalizar antes de volver a encontrarse con el siguiente candidato para ese ejercicio. Se autoconvencía de que era una buena forma de ejercitar la agilidad mental, para evitar caer en la cuenta de que esas prácticas se habían transformado en una especie de manía, causada por la necesidad de su intelecto por tener algo que procesar en todo momento.

La experiencia del encuentro con el nuevo alumno fue lo suficientemente fuerte para competir y vencer a la necesidad compulsiva de realizar los ejercicios de agilidad mental. Mientras caminaba por los senderos del campus, repasaba lo sucedido y se planteaba algunas incógnitas.

¿Cómo podía ser que ese tipo apareciera de la nada demostrando gran dominio de la materia que él enseñaba desde hacía años?

¿Sería parte de un plan para desacreditarlo?

¿Alguien estaba tratando de jugarle una broma de mal gusto? ¿O tal vez se trataba de una lección?

Tal vez había sido demasiado duro con sus alumnos, y estos habían elaborado un plan, con ayuda de sus colegas, para darle una lección que le enseñase a ser más tolerante.

Pero este individuo realmente manejaba la temática, no podía tratarse de un actor con un libreto aprendido. Conocía bien a sus pares, por congresos, intercambios culturales y publicaciones especializadas; sin embargo, esa cara no le resultaba conocida. Tampoco era probable que se tratase de un estudiante de esa u otra universidad, teniendo en cuenta que el extraño superaba en varios años la edad promedio de los estudiantes.

"Bueno, voy a suponer que no se trata de una conspiración, veremos si resulta ser tan bueno como parece", se dijo, para poner fin a los cuestionamientos y dejar que el enigma se definiera sobre la marcha de los acontecimientos.

Al día siguiente, como de costumbre, Markus entró al aula un minuto antes de la hora de comienzo de su clase. Al ingresar, mientras daba los buenos días, recorrió rápidamente con su mirada el grupo de estudiantes que se encontraba allí para confirmar que estuviera también el nuevo alumno. Estaba ansioso por ver el desenlace de una historia que le causaba tanta curiosidad.

Tras aguardar los cinco minutos de tolerancia habituales —después de todo, Markus no era tan rígido como por momentos aparentaba—, dio comienzo a la clase.

—El martes demostramos el teorema de Kronecker. Luego vimos una de sus aplicaciones, y nos había quedado pendiente la demostración de un caso particular que ameritaba un tratamiento especial. Para eso, vamos a solicitar a nuestro nuevo compañero que realice la demostración para nosotros.

Markus extendió su brazo con la tiza en su mano en dirección al bibliotecario para que se acercara y adueñara del pizarrón. El nuevo estudiante así lo hizo, y el profesor tomó asiento en la primera fila, con toda la atención puesta en la situación. Estaba ávido por captar el desempeño del fresco que se había atrevido a ponerse en aquel brete.

Aquel extraño comenzó retomando conceptos que Markus había dado en la clase anterior. Desarrolló su exposición con total claridad y dominio del tema, como si se tratara de un profesor con vasta experiencia en el área y también en el arte de impartir conocimientos.

Markus fue, de toda el aula, la persona que se mantuvo más concentrada en la exposición que dio el bibliotecario. Le pareció magistral y, si hubiera encontrado lo que estaba escrito en el pizarrón en una hoja de examen, no habría dudado en calificarlo con la nota máxima.

Admirado, Markus se puso en pie y les preguntó a los alumnos si tenían alguna duda respecto a la demostración que habían presenciado. Nadie respondió. Se dirigió hacia el nuevo —ahora su alumno predilecto— para que le devolviera el control de la clase, simbolizado por la posesión de la tiza.

Al tiempo que se cruzaban en los roles, Markus le agradeció y le felicitó. El lenguaje de su cuerpo fue claro: bajó la cabeza levemente mientras hacía esto. Significaba que, a partir de ese momento, el bibliotecario contaba con el respeto de Markus.

Al finalizar la clase de ese día, los estudiantes se retiraron. Pero Markus le solicitó al bibliotecario que permaneciera.

Al quedar los dos solos en el salón, le preguntó:

—¿Cómo es posible que maneje tan bien estos conceptos siendo que, según tengo entendido, es usted un aficionado?

—Es cierto, me gusta la matemática, profesor.

—Vaya, menuda forma de demostrar su gusto por la materia. Creo que debería dedicarse a ella tiempo completo. Seré sincero con usted: la demostración que desarrolló es bastante compleja.

—Lo sé, profesor, pienso que gracias a que logro dominar una visión más profunda de lo abstracto es que puedo hacer esta clase de cosas.

En ese momento, Markus recordó la historia del matemático Srinivāsa Rāmānujan, quien a pesar de no haber recibido educación formal demostraba un talento único para la matemática (que pudo desarrollar ampliamente pasados los veintisiete años de edad). Tal vez el caso del bibliotecario tuviera algunas similitudes al de Rāmānujan.

—Le propongo que pase por mi oficina un día de estos para evaluar la posibilidad de que usted participe en alguna de las tareas de investigación de nuestro instituto —dijo Markus, no sin antes considerar rápidamente el ofrecimiento que le estaba haciendo a su nuevo brillante alumno.

—Será un placer para mí.

Al día siguiente, el bibliotecario se presentó en la oficina de Markus según lo pactado. Allí conversaron sobre temas avanzados de matemática; el profesor quedó, por segunda vez, gratamente sorprendido por el dominio y los conocimientos de aquel hombre.

A partir de allí las reuniones entre ellos se hicieron periódicas. De a poco, Markus —magistralmente guiado por el bibliotecario— fue incursionando en aspectos de la ciencia que él, hasta ese momento, desconocía.

Sin que supiera cómo había ocurrido, los roles se habían intercambiado, pero esto a Markus no le molestaba. Su voracidad intelectual por sus temas de interés dejaba de lado cualquier barrera que se interpusiera en el camino del saber. El bibliotecario le mostraba a Markus no solo nuevos conocimientos sino demostraciones de algunos conceptos desde un punto de vista totalmente distinto; recurría a fuentes mucho más antiguas que las habituales para algunos conceptos de ciencias exactas y experimentales. Fue el caso del estudio que realizaron sobre el Sutta Pitaka y el Chhandah-shastra, a partir del cual analizaron el significado del cero, lo infinitamente pequeño y la aproximación alternativa a la comprensión del concepto de vacuidad. Abordaron posteriormente algunos conceptos sobre las gunas, los tres componentes esenciales de todas las cosas según los Vedas. El caos y el origen de la fuerza sutil que da orden a ese aparente desorden.

Paralelamente y casi de forma tangencial, al contextualizar la fuente de aquel antiguo conocimiento también pudieron incursionar en el estudio de la gramática sánscrita de Pānini. Este tema le produjo especial fascinación a Markus, tanto por el contexto histórico como por la complejidad y rigor del sistema desarrollado por este lingüista.

Así continuaron tratando muchos temas durante sus encuentros habituales que, se supone, habían nacido para la investigación convencional. Poco a poco, Markus aprendió todo acerca del lado místico de los números y las leyes de la naturaleza. Aquello que poco tiempo antes no era para él ni siquiera aceptable, había pasado a formar parte de su bien definido conjunto de verdades inobjetables.

—Ese fue mi comienzo, mi acercamiento al mundo de lo que está más allá de lo evidente. Pero para ello tuve que cambiar mi forma de pensar, de sentir, de transitar el día a día. En muchos aspectos, al verte me veo a mí mismo cuando empecé este camino —aseguró Markus.

El anciano hizo una pausa, permitiendo que una avalancha de recuerdos lo invadiera nuevamente, para después continuar:

—Así como, en su momento, aquel bibliotecario me dijo que tenía que continuar con mi propio camino, ahora debo decirte que nuestro trabajo juntos ha concluido. Ya no tengo nada más que enseñarte.

De inmediato, impulsado por la sorpresiva decisión del anciano, Nigel le argumentó:

—Markus, creo que debería permanecer un tiempo más aquí, desarrollando aún más mi potencial.

—Te entiendo, también yo sentí lo mismo en su momento y le pedí a mi mentor que continuáramos con la enseñanza. Es natural que sientas que todavía debes seguir recibiendo conocimiento, pero debes volver a tu lugar. Aquí no lograrás brillar. Ahora tú debes recorrer el camino por ti mismo y en tu propio ámbito.

"Piensa por un instante, ¿de qué le sirve al hombre cultivar elevadas virtudes si después no las aplica?

"Además, recuerda que no debes apartarte del mundo, de la realidad de la vida que te ha tocado vivir. Aunque parezca contradictorio lo que te digo, porque todo evidencia que soy un ermitaño evadido del mundanal ruido. Pero ya ves que te he recibido a ti, y así también de vez en cuando recibo la visita de familiares y amigos, a quienes también visito para pasar algunas temporadas con ellos.

"Tú y yo somos hombres comunes que hemos desarrollado en mayor medida la comprensión de las cosas, y debemos aplicar ese desarrollo en el día a día para el bien de todos. No debemos nunca olvidar eso.

Markus se alejó unos pasos para tomar el recipiente del agua para sus mascotas y animales del lugar; se dirigió hasta una canilla adosada a una tubería que emergía del piso a un par de metros de la cabaña. Llenó el recipiente de agua para devolverlo donde se encontraba inicialmente. Tras esto volvió junto a Nigel, para continuar luego de la pausa que había generado deliberadamente.

—En definitiva, debes llevar a tu vida la sabiduría que has desarrollado, y no al revés. Ahora tú serás un referente aún más importante para aquellos que se relacionen contigo. Desempéñate como una luz que ilumina los caminos de quienes te rodean.

"Seguramente logres avanzar mucho más, y tal vez tengas la posibilidad de seguir creciendo con mi propio maestro. Él es uno de los doce grandes sabios que en este momento se encuentran compartiendo su sabiduría en esta tierra. Cuando estés preparado, sin lugar a dudas, él se presentará ante ti.

Las palabras del anciano fueron escuchadas atentamente por Nigel. Luego de haber comprendido claramente lo que Markus le había explicado, se retiró al interior de la cabaña para empacar sus pertenencias con pesar, pues sentía un gran afecto por él. Era el mismo tipo de afecto que se siente por un buen padre.

Nigel había nacido en una familia de buena condición socioeconómica. Su padre era un profesional exitoso y nunca dejó que nada le faltara a su familia. Sin embargo, era un hombre emocionalmente duro, que no demostraba sus sentimientos y era reticente a dar afecto a sus seres queridos, incluyendo a sus hijos. Nigel había sentido siempre ese vacío emocional, y con Markus, aunque ya tarde, había logrado llenarlo.

Antes de partir, el anciano le obsequió uno de sus libros más preciados, junto con un antiguo incensario para que lo utilizara en los rituales más importantes. No obstante, en ese momento le advirtió:

—Ten siempre presente, como ya te he dicho, que tus habilidades místicas deben aplicarse en silencio. Deben pasar desapercibidas pues, si las das a conocer, aquellos que se encuentran apartados de nuestras ideas querrán a toda costa detener tu labor, e incluso podrían terminar haciéndote daño.

Markus, para que Nigel fuera más consciente del riesgo que podría correr, narró brevemente la antigua historia de Joseph, aquel joven y prometedor sanador que fuera presa de fuerzas malignas.

—Al descubrir sus prácticas, lo acusaron injustamente de ejercer el mal. Fue asesinado por aquellos que caían sistemáticamente en los peores pecados y, sin embargo, actuaban en nombre de Dios—. Markus finalizó así la narración de la historia de aquel ingenuo y bondadoso mártir.

—No tema, don Markus, tendré cuidado en todo momento —respondió calmadamente Nigel, al tiempo que tomaba los presentes y saludaba al anciano con un afectuoso abrazo. Su maestro logró percibir el profundo afecto y agradecimiento que emanaban del corazón de su discípulo. Eran sentimientos recíprocos, pues Markus había desarrollado hacia Nigel el mismo amor que se siente por un hijo.

Luego de despedirse, Nigel se encaminó de regreso a casa, ya como un hombre totalmente renovado desde su interior.

Desanduvo el largo camino que lo había llevado a la cabaña de Markus y llegó a la casa del antiguo molino. Un sentimiento conmovedor lo invadió al pasar por el lugar. Apretó con fuerza el rosario que llevaba en su bolsillo, y recordó el día en que aquel mismo rosario y una fuerte tormenta ayudaron a que las primeras ataduras que aprisionaban a su maestro interior se soltaran. Ahora no era tan escéptico como antes, había aprendido mucho acerca de las cosas que subyacen más allá de lo evidente. En cierto modo, había logrado desarrollar la confianza en algunos aspectos de la vida, aunque en lo más profundo de su ser aún se arraigaba un sentimiento negativo que limitaba el completo desarrollo de su potencial.

Tras atravesar el bullicio de las ciudades y su gente, ese mismo día se reencontró con su esposa y su hogar. Claudia lo recibió con frialdad; para ella, demasiado tiempo había transcurrido y las cosas ya no serían como antes. A pesar de todo, Nigel entendió de inmediato las inquietudes de su esposa; luego de una larga conversación, lograron ponerse de acuerdo como nunca antes.

Al día siguiente, se presentó en el hospital para entrevistarse con su jefe, quien lo recibió con agrado pues sentía afecto por él y lo respetaba mucho como profesional. Conversaron largamente, en particular sobre lo que había sucedido en el hospital durante la ausencia de Nigel. No así sobre las experiencias del retiro de Nigel, pues sabía que mucho de lo que allí había pasado no sería comprensible para su jefe.

Finalmente, acordaron que Nigel volviera a su puesto de trabajo lo antes posible, ya que el hospital había padecido su ausencia.

Nigel retomó su rutina como médico, pero no desempeñaba su labor como lo hacía antes. Había desarrollado nuevas habilidades que le permitían tratar a sus pacientes en varios planos a la vez: en lo físico, en lo emocional y en lo espiritual. Ahora sabía que muchas de las enfermedades eran proyecciones de anomalías en los niveles más sutiles y que, tratando la aflicción en el plano correcto, lograba resultados excepcionales. Esto, claro, generaba celos en algunos de sus colegas.

CUARTA PARTE — ARRIBA

EL HIEROFANTE

Las extraordinarias cualidades de los grandes seres que ocultan su naturaleza escapan a las personas corrientes como nosotros, pese a todos nuestros esfuerzos por examinarlas.

Patrul Rimpoché (1808—1887), maestro Budista tibetano.

A esa hora, el metro se encontraba atiborrado de gente que, igual que Nigel, regresaba a casa.

Muchos meses habían transcurrido desde el retiro con Markus. Nigel continuó desarrollando las artes que allí había aprendido, logrando que sus habilidades mejoraran.

El metro se detuvo en la parada de la Estación del Oeste, donde abordó gran cantidad de gente; tanta, que muchos pasajeros ni siquiera pudieron ascender a los vagones.

Inmediatamente después de que el metro cerró las puertas y reanudó su marcha, Nigel percibió una poderosa presencia cercana a donde él se encontraba. Era la misma sensación que sentía antes cuando estaba frente a Markus, pero en esta ocasión parecía mucho más intensa.

Recorrió con su mirada las áreas del vagón que la masa de gente que lo aprisionaba permitía. Cerró los ojos y agudizó sus sentidos internos. Notó que la presencia se encontraba justo detrás de él. Le generaba gran curiosidad saber de quién provenía; por un instante, pensó que podía tratarse de su anciano maestro. ¿Pero qué podría estar haciendo Markus en París? ¿Sería posible que hubiera viajado hasta allí para encontrarse con él? Sí así fuera, sería una gran alegría reencontrarse con su querido viejo loco.

El metro se detuvo nuevamente y Nigel percibió que la presencia se alejaba. Sin dudarlo, casi a empujones para que las puertas del metro no lo dejaran encerrado dentro del vagón, descendió del tren. Se paró en medio de la plataforma y volvió a cerrar los ojos para percibir mejor hacia dónde debía dirigirse.

Cuando abrió los ojos, giró hacia la derecha para intentar discernir la silueta del anciano entre la multitud de gente que se trasladaba hacia la salida. Como se encontraba en un punto elevado de la plataforma, logró ver de dónde provenía esa energía: el origen parecía estar en un grupo de cuatro personas que se dirigían hacia la salida de la estación. Ninguna de ellas poseía la complexión del anciano.

Notó que el grupo estaba conformado por dos mujeres y dos hombres. Enfocó sus sentidos hacia las mujeres, pues tal vez se trataba de aquella misteriosa dama que le había obsequiado el rosario alquímico. Indudablemente ella debía poseer una energía poderosa, aunque en su momento Nigel no la hubiera podido percibir.

Las mujeres iban juntas y se dirigieron hacia una escalera mecánica caminando mientras conversaban. Nigel aprovechó que habían desacelerado la marcha pensando en aproximarse rápido y saludar a la mujer que, a su manera, lo había ayudado a liberarse de algunas limitaciones.

A escasos metros de donde se encontraban las dos mujeres, cuando ya estaban casi por pisar el primer escalón de la escalera, Nigel se concentró en sus sentidos internos en lugar de dejarse llevar por conjeturas apresuradas. Entonces notó que aquella energía que había percibido no provenía de ellas: se había equivocado en la decisión de seguirlas. Evidentemente la fuente provenía de los dos hombres.

De inmediato comenzó a buscarlos con la mirada. Encontró a uno de ellos que ya estaba a mitad de camino en una de las escaleras que desembocaban en la salida de la estación. Ya no podía equivocarse, porque podría no tratarse de ese hombre y debía buscar al cuarto miembro del grupo. Se concentró por breves instantes y se dio cuenta que esta vez había acertado; esa era la persona que estaba buscando.

Pudo verlo de espaldas, y dado que se encontraba en una ubicación elevada, pudo reparar mejor en su apariencia. Un hombre alto, de impecable vestimenta formal, saco y pantalones grises.

De inmediato se dispuso a seguirlo, dando rápidas zancadas entre la gente que caminaba por los amplios pasillos del subterráneo. Tomó por la escalera paralela a la del misterioso hombre pues, gracias a su amplitud, esta le permitía subir más rápidamente por los espacios que la gente dejaba. Así, subiendo de a dos escalones por cada paso, logró disminuir la distancia que los separaba.

Se encontraban en el último tramo de la escalera que los llevaría a la calle. Pocos metros los separaban; entonces Nigel pudo notar que el extraño de gris estampa llevaba en su mano un libro grueso y antiguo.

Dio un salto para recorrer los dos últimos escalones de un solo paso; al llegar a la acera trastabilló y por poco cayó de rodillas, pero se sostuvo con una mano del último tramo del pasamano.

Una vez erguido, Nigel aceleró la marcha para intentar detener al hombre que ya se disponía a cruzar la calle.

—Señor, disculpe —dijo Nigel, mientras daba un par de golpes con su dedo índice sobre el hombro del extraño. Esto hizo que la sensación que había sentido en el metro se intensificara mucho más, causándole todavía más intriga.

El hombre se detuvo. Nigel quedó inmóvil, expectante, aguardando que se diera vuelta y mostrara su rostro.

Durante esas fracciones de segundo, en la mente de Nigel se producía una lluvia de pensamientos e inquietudes. ¿Quién era él? ¿Sería posible que se tratara de uno de los grandes maestros de los que le había hablado Markus? ¿Y si se trataba de alguien como la vidente, pero que había decidido transitar por el otro camino? ¿Estaría él preparado para tratar con alguien así? Tal vez se había apresurado demasiado, pero ahora ya era tarde: debía enfrentar al extraño.

Finalmente, aquel hombre volteó para mostrar su rostro; fue cuando la cara de Nigel hizo que Simon lanzara una pequeña carcajada, al tiempo que exclamaba:

—¡Doctor, parece que ha visto un fantasma!

—Simon, disculpe mi expresión, pero sinceramente no esperaba que se tratase de usted —dijo Nigel tras tomarse un momento para algunas inspiraciones rápidas. Necesitaba recuperarse de la persecución y asimilar el impacto de que aquel hombre enigmático fuera Simon.

—Nigel, has aprendido que las apariencias engañan, y tú mismo, día a día, ocultas tus habilidades. ¿Crees que las personas como yo se encuentran ocultos en un monasterio en la cima de una montaña? — Simon planteó la pregunta esbozando una sonrisa.

—Jamás me hubiera imaginado que alguien así fuera un acompañante de enfermos...

—El refrán dice "cuando el discípulo está listo, el maestro aparece". A menudo sucede que conocemos a la persona, pero no somos capaces de reconocer al maestro.

En ese momento, Nigel recordó que el anciano le había dicho que tal vez su propio maestro se presentaría para continuar con las enseñanzas. Por un momento dudó, debido a la notoria diferencia de edad entre Simon y Markus, pero se atrevió a preguntar: ya había tenido suficientes demostraciones de que lo aparente no siempre se corresponde con la realidad.

—Dígame, Simon, ¿acaso es usted el bibliotecario aficionado al lado oculto de los números?

—Veo que Markus te ha contado cómo nos conocimos —asintió con una sonrisa y prosiguió—: Estoy aquí para guiarte en los últimos pasos del camino que te has dispuesto a recorrer, si es que así lo deseas. Pero para ello, deberás trasladarte nuevamente; esta vez a un lugar todavía más distante. Aquí están las instrucciones para llegar allí —dijo Simon mientras sacaba un sobre de papel del bolsillo interior de su saco.

Nigel tomó el sobre que se encontraba lacrado. El sello del lacre estampaba un colibrí en vuelo; el símbolo le hizo recordar el encuentro del anciano con aquella ave y la tradición de sabios que representaba.

De inmediato rompió el sello y extrajo varias hojas de papel. Leyó rápidamente la primera de ellas. Se sorprendió al ver la complejidad de las instrucciones, pero más aún de que Simon llevara consigo aquel sobre. ¿Sería posible que Simon supiera de antemano que se encontraría casualmente con él? Nigel se respondió a sí mismo: sí, obviamente una persona de esas características posee absoluta certeza acerca de lo casual.

Sin dar mucho más tiempo a que Nigel se interiorizara de las instrucciones, Simon le habló.

—Te encontraré allí en exactamente veintidós días.

Sin decir más, Simon desapareció de pronto entre los transeúntes, dejando a Nigel repasando, por segunda vez, las indicaciones para llegar a su nuevo destino.

Luego del encuentro con Simon, Nigel se dirigió a su casa. Cruzó la puerta de entrada rápidamente para dirigirse a la biblioteca y cerró la puerta tras él. Como siempre sucedía en ese lugar, los oídos eran cobijados por el silencio que lograban aquella gran cantidad de libros que tapizaban las paredes, las maderas nobles de las estanterías más la gruesa alfombra que cubría toda la habitación.

Se aproximó a un globo terráqueo que le había regalado su padre cuando era un niño en edad escolar. En el globo, buscó el lugar adonde las instrucciones de Simon le indicaban que debía dirigirse, pero no pudo encontrarlo.

No se dio por vencido y se dirigió a uno de los anchos estantes de la biblioteca para tomar un pesado planisferio. En el índice, buscó la zona donde suponía que se encontraría el destino de su viaje; luego, en la hoja indicada revisó todo minuciosamente, hasta los nombres menos significativos que se mostraban en el mapa. Tampoco logró encontrarlo.

Allí, el pensamiento que había tenido cuando leyó las instrucciones por primera vez se reafirmó: "Ese lugar debe ser el fin del mundo, o al menos debe estar muy cerca de allí". Pero no quiso darse por vencido en la búsqueda de información. Se dirigió a su computador; se encontraba sobre el gran escritorio de roble, dentro de la misma habitación. Abrió un programa de navegación en internet y de ahí accedió a un popular sitio de búsquedas; una vez allí, ingresó el nombre de su destino final: Nirmanakshetra.

Para su sorpresa el sitio devolvió solo dos resultados. Uno de ellos correspondía a un foro donde se trataban temas esotéricos; en él, una mujer consultaba si alguien había visitado el lugar o podía brindarle más información al respecto. La respuesta que figuraba debajo era de uno de los moderadores del foro, e indicaba que se trataba de un sitio mitológico y que el lugar no existía.

El otro sitio que el motor de búsquedas arrojó como resultado tenía más información, aunque se daban muy pocos datos sobre Nirmanakshetra. Pero mencionaba algo que a Nigel le preocupó: "Quienes encuentran ese lugar, también encuentran la muerte".

Nigel comenzó a dudar. Parecía tener sentido el hecho de que no hubiera mucha información sobre Nirmanakshetra si todos los que lo encontraban terminaban muriendo allí.

"Esto es una locura", pensó. Pero también lo fue en su momento ir al encuentro de Markus, y sin embargo resultó una experiencia muy enriquecedora. ¿Y si esta vez la vivencia fuera aún más intensa? De seguro así sería.

Trató de no dudar. Sabía que Simon no lo enviaría a un lugar inexistente. Pero ¿a una muerte segura?

Recorrió las experiencias y las conversaciones que había tenido con Simon acerca de la muerte. Sin duda, para él la muerte tenía un significado totalmente distinto que para el resto de la gente. ¿Sería Simon capaz de enviarlo a un lugar donde corriera riesgo su vida?

En ese momento se estremeció. Pues la pregunta le hizo recordar la advertencia de la vidente. Esta vez sí estaría realizando un viaje a tierras lejanas.

Claro que no debía dejarse sugestionar por la advertencia que había recibido, pero sí consideró que debía extremar las precauciones. Cuidarse de los posibles percances que podrían presentarse en ese largo viaje.

"Tal vez todo esto sea parte de una prueba", se dijo.

Decidió hacerse de valor dejando de lado la desconfianza y el temor a lo desconocido, particularmente el temor a la muerte.

Se dirigió hacia el *living*, donde se encontraba Claudia viendo la televisión. Como de costumbre, estaba viendo un canal de noticias especializado en economía y finanzas. Nigel se sentó en el mullido sillón, al lado de su mujer. No puso su brazo por encima de su hombro porque quería hablarle mirándola a los ojos.

—Mi amor, tengo que comentarte algo.

Claudia giró su cabeza hacia él y lo miró con una expresión de descontento. Sabía, de alguna forma, que lo que habría de decirle su marido no le agradaría. Tal vez porque últimamente las cosas no andaban bien entre ellos y se había acostumbrado a fastidiarse con su esposo, principalmente por el cambio en su forma de ver el mundo.

Ella tomó el control remoto que se encontraba sobre el almohadón a su derecha para bajar el volumen del televisor. No lo apagó, eso ya hubiera sido demasiado: necesitaba al menos ver los titulares que se mostraban al pie de la imagen mientras escuchaba a su marido.

—Voy a ausentarme un tiempo.

—¡Ja! ¡Yo sabía! —exclamó mientras se levantaba súbitamente del sillón, haciendo que el control remoto del televisor saliera despedido y cayera sobre la alfombra—. Ya sé, no me digas nada, vas a un congreso de brujos.

—No seas irónica.

—¿Entonces a dónde vas, y a qué?

—Será algo similar a lo de Whitewaters... pero es un poco más lejos.

Nigel no quiso mostrar la verdadera dimensión del viaje; por eso minimizó la distancia diciendo que era "un poco más lejos", cuando en realidad se dirigiría hacia un lugar muchísimo más distante que el retiro con el anciano.

—¿Y por cuánto tiempo vas a irte esta vez?

—Estimo que serán algunas semanas. Pero no puedo asegurarte cuánto tiempo estaré fuera de casa.

—La última vez me dijiste que serían algunos días y pensé que no volverías. Tal vez ahora realmente no vuelvas más.

—Sé que esto te molesta y no quiero discutir contigo.

Claudia se dirigió a toda prisa hacia un pequeño aparador que había en la sala. Al pasar al costado del televisor, presionó el botón de encendido para apagarlo. Ya no le interesaban las noticias.

Abrió el pequeño cajón del extremo superior izquierdo del mueble y de allí extrajo una cajilla de cigarrillos. La abrió bruscamente, tanto que casi arranca la tapa. Le dio unos golpes en el lateral para que los pocos cigarrillos que quedaran se enderezaran para poder tomar uno. Tomó un encendedor que se encontraba en el mismo cajón, y arrojó la cajilla sobre el mueble, se dio media vuelta, en dirección a la puerta, caminó tres pasos y se detuvo súbitamente para retornar a tomar los cigarrillos. Miró a Nigel con expresión de enojo y se dirigió, esta vez sin titubear, rumbo a la salida.

Con este gesto Claudia quería molestar a su marido; sabía que a él no le gustaba que ella fumara, no solo por las molestias del mal aliento y el olor en la ropa, sino también por razones de salud.

De cualquier modo, Nigel era consciente de que ella no era una adicta al tabaco: fumaba dos o tres cigarrillos al día, si acaso.

Claudia se sentó en el primer escalón de la puerta principal de su casa, encendió su Morrington y tomó una profunda bocanada de humo para calmar su enojo.

Se puso a leer lo que decía la cajilla de cigarrillos, a pesar de que ya lo sabía de memoria. Los componentes, el lugar donde se producían y las advertencias de los muchos males que esa máquina de placer podía causar. Pero esos sermones a Claudia la tenían sin cuidado, pues una mujer como ella jamás podría morir por algo tan insignificante como un tubo de papel relleno de una planta seca. Vaya si habría lidiado con adversarios durante su vida, pero todos, sin excepciones, habían sucumbido a su aguerrida forma de arremeter contra los problemas.

Claudia había sido siempre la mejor en todo lo que se proponía. Si no llegaba a brillar en algo, era simplemente porque no le interesaba. En su carrera universitaria se graduó con las mejores calificaciones; consiguió los mejores trabajos y su último logro profesional había sido convertirse en socia del estudio de asesores empresariales en el que trabajaba. ¿Qué más podía pedir?

También siempre había tenido al hombre que se propusiera. No le era difícil seducir a cualquiera con su belleza física, su refinamiento, inteligencia y personalidad atrapante. Esos encantos fueron los que le permitieron concretar su matrimonio con Nigel, el codiciado médico que finalmente fue retenido por ella. Pero su marido ahora no era el mismo: había cambiado mucho desde que se conocieron. Esos cambios pudieron haber sido una crisis pasajera; sin embargo, daba la impresión de que habían llegado para quedarse e incluso que la tendencia iba en aumento.

Arrojó su cigarrillo con fuerza sin apagarlo, pues quería ver cómo se extinguía la llama de su incomprendido compañero de penas sobre la entrada de su casa. Después perdió su mirada en la lejanía del paisaje que se encontraba frente a ella. Desde allí, se podían ver las hermosas residencias y los bellos parques arbolados que las rodeaban: su casa había sido construida sobre un terreno elevado que le proporcionaba una vista panorámica del entorno.

Claudia evaluó los posibles escenarios de su futuro con Nigel y les asignó un puntaje según la probabilidad de que llegaran a concretarse. El escenario que más le agradaba a ella era el que tenía la menor puntuación: esperaba que su marido volviera a ser el de siempre, que se preocupara por su carrera, que sus ambiciones por logros concretos volvieran a ser parte importante en su vida, pues debían avanzar lo más rápidamente posible. El tiempo era implacable y la competencia no dejaba lugar a titubeos. Su marido ahora se había convertido en un blando, preocupado por otros temas que poco tenían que ver con aquellas cosas que para ella eran importantes.

Allí, frente a ese tablero mental de escenarios, con su fría puntuación asociada, tomó la decisión basándose en su habitual enfoque pragmático. Pues a pesar del cariño que le tenía a su esposo, no podía dejar que el tiempo transcurriera hacia un final que no era el óptimo.

No iba a comunicarle a Nigel la noticia hasta que él volviera de su viaje. De esa forma ella tendría el tiempo suficiente para los preparativos de la separación y posterior divorcio.

Se levantó tomando los cigarrillos y el encendedor y se dirigió al interior de su casa, como si nada. Cenó con Nigel; luego miró en la repetición del noticiero las noticias que se había perdido por la discusión con su marido.

Nigel dedicó los siguientes días a prepararse.

Lo más difícil era dejar encaminados los temas laborales, pues alguien tendría que cubrirlo en su ausencia. En el hospital le dejaron claro que debía renunciar, pues no le podían asegurar su puesto. Nigel lo aceptó: era un planteo justo y entendió que no podía pedir más. Tal vez a su regreso volverían a tomarlo por la buena relación y el elevado concepto que de él tenían en su trabajo.

En el consultorio privado, su socio dejó claro que no le agradaba nada que se ausentara por tanto tiempo, pero Nigel le dijo que tenía que hacerlo y que precisaba su apoyo.

Finalmente el socio accedió, basado sobre todo en la amistad que los unía pero también porque entendió que era una necesidad que Nigel tenía que encarar. Y, después de todo, a su regreso seguramente tendría un compañero más efectivo: la última vez que se había ido de viaje regresó convertido en un profesional más eficiente, que obtenía mejores resultados y pacientes más conformes.

Un par de días después de haber recibido la noticia de su partida, Claudia recibió de su marido algunos detalles del largo viaje que él se disponía a realizar. No exclamó ni reclamó, mostrando así el velado indicio de la decisión que ya había tomado.

A pesar de que ella guardaba en secreto su intención, Nigel pudo percibir hacia dónde se dirigía su matrimonio. Era consciente de que se había producido un distanciamiento por los cambios que él había experimentado, y sabía que no volvería a ser el mismo hombre aquel que su esposa anhelaba. Él guardaba la esperanza de que ella también cambiara en la misma dirección; había hecho algunos intentos para que esto sucediera, pero fueron en vano. Sus caminos se separaban cada día más. Asumía esto con pesar pero lo aceptaba pues entendía que formaba parte de la evolución de cada uno de ellos.

A medida que Nigel lograba dejar cada tema encaminado, evaluaba el costo que le estaba llevando hacer aquel viaje. La apuesta era muy alta. Estaba arriesgando su carrera, reputación, matrimonio y, si tenía en cuenta las advertencias que había obtenido de diferentes fuentes, también estaba en peligro su vida.

Quizás fuera demasiado, pero tampoco podía darse el lujo de perder la oportunidad para luego lamentarse el resto de su vida. Ya había pasado por algo así con la pintura; no volvería a caer en lo mismo: debía arriesgarse por aquello que entendía valía la pena. Después de todo, como el anciano le había enseñado, *nada es gratis en la vida y muchas veces los mayores logros conllevan elevados costos para su concreción.*

"Ya está, Nigel, ya tomaste la decisión", se dijo, terminando de evaluar costos, pérdidas y potenciales beneficios. Decidió seguir adelante con entusiasmo, sin saber que la mayor pérdida sería la de   su   propia   vida.

LOS REINOS

Solo con el corazón se puede ver bien. Lo esencial es invisible para los ojos.

Antoine Saint Exupéry (1900—1944), escritor y aviador francés.

Tras una travesía de quince horas de viaje desde París, que incluyó una escala con cambio de aeronave en Delhi, Nigel llegó a Katmandú sabiendo que aún tenía que recorrer la parte más difícil de su viaje.

Estaba preparado, por las detalladas instrucciones que Simon le había dado, a enfrentarse a muchas exigencias durante esa larga travesía. Una de ellas era la documentación que incluía visado para los países por donde tenía que transitar, en especial para cruzar la frontera de Nepal hacia la región del Tíbet.

Nigel estaba acompañado por un guía de una agencia turística nepalesa, contratado por él apenas llegado al aeropuerto Tribhuvan para que lo acompañara en parte del trayecto. A pesar de ello y de contar con toda la documentación en regla, las autoridades de migración chinas se negaban a permitir su ingreso. Confirmó en carne propia la veracidad de la información que había recabado acerca de los posibles trayectos que podrían llevarlo a la zona de su destino final: el trayecto desde Nepal era uno de los más complicados al momento de realizar el cruce de frontera.

¿Acaso Simon estaba tratando de hacerle las cosas más difíciles?

¿Sería ese viaje una especie de peregrinación como el camino de Santiago o el viaje a La Meca?

Al menos contaba con las instrucciones escritas de Simon, que tenían indicaciones expresas para algunas situaciones particulares, como era el caso del problema de migración con el que se estaba enfrentando. Hizo lo que aquella especie de manual decía: le solicitó al guía que les dijera a los funcionarios de migración que él necesitaba hablar con uno de los encargados. La respuesta que recibió no era alentadora, pues le indicaron que en ese momento no se encontraba, que tendría que esperar a su regreso más tarde ese mismo día.

Nigel no quería seguir varado allí retrasando su viaje, pues Simon le había indicado una fecha precisa para su llegada. Pero tampoco tenía muchas opciones, así que tomó asiento en uno de los largos bancos de madera que había en la sala de espera de la oficina, con su mochila a la izquierda y el guía a la derecha.

Finalmente, luego de esperar más de dos horas —tiempo en el que pudo hablar largamente con el guía acerca de las costumbres y la vida en esas latitudes— le permitieron reunirse con el jefe de la oficina.

Las instrucciones decían que debía entregar una de las hojas que se encontraban dentro del sobre de Simon. Nigel no podía entender lo que esta decía por estar escrita en chino, pero por el encabezado y el sello podía reconocer que se trataba de un documento oficial.

El encargado, luego de leer la nota y revisar visado y pasaporte, devolvió la documentación a Nigel. Con un gesto de su mano y ya con una expresión facial un poco más relajada, le indicó que lo acompañara y se dirigió a uno de los funcionarios para ordenarle que le permitieran el cruce de frontera.

Este suceso le dio tranquilidad. Era claro que Simon no había dejado nada librado al azar y por algún motivo esa era la ruta que él debía recorrer. Enfrentarse a escollos políticos y burocráticos eran algunos de los muchos desafíos. Todavía le restaba afrontar la aclimatación a la altura cuando se estuviera aproximando a la región montañosa de su destino final, y el desafío de transitar por lugares extremadamente inhóspitos.

Gracias a que había arribado en temporada alta de senderismo y alpinismo, Nigel pudo conseguir una combinación de ómnibus y vehículos todo terreno en las agencias de turismo, eso, tras casi 800 kilómetros de travesía terrestre, le permitió conocer pintorescos poblados de belleza enriquecida por su gente y su cultura. No demoró mucho en darse cuenta de que los tibetanos son personas de una enorme riqueza espiritual; riqueza que les da la libertad suficiente para vivir en profunda armonía con las duras condiciones geográficas y climáticas en las que se encuentran, y que también les permite disfrutar de una vida simple. Tanto como cualquiera que cuente con generosos recursos materiales.

Nigel arribó al último punto poblado de su recorrido en compañía de un grupo de turistas alemanes con los que había compartido la camioneta durante los últimos 300 kilómetros. Fue el único que descendió del vehículo, ya que el resto del grupo se dirigía a realizar actividades de senderismo. Él aún tenía que conseguir un guía que lo acompañara de forma segura hasta su destino final, fuera de toda ruta turística.

La separación del grupo le permitió encontrarse con el poblado de Asoka. Una pequeña agrupación de modestas y pequeñas casas de una planta, divididas en dos grupos separados por una única calle que se dibujaba con el propio tránsito de los carros y animales. A no ser por unos pocos vehículos a motor, parecía que el lugar se había quedado estancado en el tiempo, en una época remota.

El nombre del lugar fue puesto en honor a un gran emperador que gobernó Magadha en el siglo III a.C. Era conocido como "El Justo" por gobernar —luego de haber sido influenciado por el budismo— con profundos valores basados en la justicia, la generosidad y la no violencia. Era sabido que Asoka había plantado tanto árboles para ofrecer sombra a hombres y animales como bosques de mangos para dar alimento; también, excavado pozos para saciar la sed de los necesitados, y, en los caminos de su reino, construido casas de reposo cada catorce kilómetros.

Luego de haber contemplado la escena de su entorno, Nigel elevó la vista hacia el horizonte y se encontró con la cercana majestuosidad del Himalaya. Quedó hipnotizado por la mística belleza del gigante y, en algún lugar, percibió que le daba la bienvenida a sus dominios.

Caminó por el polvoriento camino en busca del almacén del poblado, con la esperanza de encontrar a alguien que entendiera alguno de los idiomas que él hablaba. Finalmente lo encontró: se delataba por algunos de los insumos que se apilaban a la entrada. Entró y vio a un hombre pequeño de tez oscura y ojos rasgados que se encontraba detrás del mostrador. Del otro lado, otros dos hombres conversaban en el dialecto local.

Nigel carraspeó levemente esperando que le prestaran atención.

—Buenos días. Necesito un guía que me conduzca hasta el monasterio de Nirmanakshetra —dijo, pausadamente y en inglés, con la esperanza de que alguno de ellos lo entendiera.

Los tres hombres se dieron vuelta para mirar a Nigel e inmediatamente comenzaron a cuchichear entre ellos. Nigel no entendía lo que hablaban, solo lograba captar que por momentos mencionaban el nombre del monasterio.

Para el agrado de Nigel, el hombre que se encontraba detrás del mostrador respondió en inglés con una pronunciación teñida de su propio idioma.

—Ese monasterio existió hace miles de años en una montaña cercana, pero se trata tan solo de una leyenda. Se dice que en ese lugar se encontraban los grandes maestros espirituales de la humanidad. Esa es una de las muchas historias que se cuentan sobre Nirmanakshetra.

Nigel no puso en duda que el lugar debía existir: ya había superado esa etapa de incertidumbre. Decidió entonces salir del almacén, en busca de ayuda para encontrar el mítico monasterio.

Al salir, Nigel encontró al costado de la puerta del almacén un anciano con el rostro cubierto de arrugas. Era de baja estatura, de pelo blanco, ojos pequeños, hundidos y rasgados, y de piel gruesa y cobriza. El anciano se dirigió a Nigel.

—¿Busca Nirmanakshetra?

—Sí —respondió apresuradamente Nigel.

—Venga —dijo el anciano mientras le hacía un gesto con la mano para que lo siguiera.

Cuando habían dado unos pocos pasos, una voz proveniente de sus espaldas los detuvo.

—¡Espere! Yo lo llevo al monasterio.

Se trataba de uno de los dos hombres que estaban en compañía del encargado del almacén.

—Le costará cincuenta dólares.

Fue cuando Nigel cayó en la cuenta de que aún no había consultado el costo del servicio al anciano que había ofrecido guiarlo en primera instancia. Miró hacia la izquierda, donde se encontraba el anciano, ahora enfrentado en una especie de duelo con el joven guía que había surgido del interior de la tienda.

—¿Cuánto cuesta que usted me lleve a Nirmanakshetra?

El anciano, en sintonía con la serenidad de las montañas que se encontraban a sus espaldas, le contestó casi en sílabas por la forma de realizar las pausas en su hablar.

—Cien dólares.

Nigel ahora estaba ante la disyuntiva: tenía dos opciones y la diferencia de precios era notoria, pero sabía que no debía basarse puramente en el criterio de seleccionar la opción más económica.

Miró al anciano quien permanecía en aplomada postura. Luego giró su cabeza para ver al otro guía quien aprovechó la oportunidad de tener su atención para hablarle.

—No le haga caso a ese viejo borracho, es un ladrón y no sabe lo que hace.

Nigel volvió a girar su cabeza para atender a la respuesta del anciano. Pero no la hubo, se mantuvo impávido.

¿Qué debía hacer? ¿Ir con el viejo que, a pesar de lo que decía su competidor, parecía tener mucha experiencia? ¿O debía optar por el guía más joven y fuerte, con mayores aptitudes físicas para transitar por aquellos desolados parajes?

Se dejó llevar por su intuición, la que no demoró mucho en indicarle cuál era la mejor opción.

Nigel se dirigió hacia el joven y petulante guía.

—Gracias, pero iré con él —le dijo al tiempo que señalaba al anciano con su mano.

El joven guía, con el rostro descolocado y un rápido ademán de su brazo que denotaba cierto desprecio, se dio media vuelta para volver al almacén mientras refunfuñaba entre dientes.

Nigel se volvió para proseguir con su camino. Se topó con el anciano, que ahora estaba con el brazo levemente estirado hacia delante y la palma de su mano hacia arriba. Le causó gracia verlo demostrar un poco más de interés por el dinero y sonrió. Comenzó a hurgar entre sus ropas en busca del sobre de seguridad donde llevaba el dinero y la documentación. De allí sacó un puñado de billetes y separó cincuenta dólares para entregarle al anciano.

—Le daré cincuenta ahora y el resto cuando lleguemos. ¿Le parece bien?

El anciano asintió con la cabeza al tiempo que guardaba el dinero en un bolsillo interior de su abrigada chaqueta de tejido prensado.

El guía comenzó a caminar seguido por Nigel; lo hicieron por algunas decenas de metros, hasta un camión en el que estaban cargando víveres.

Una vez que estuvo cargado, el anciano le indicó a Nigel que se subiera en la parte posterior. Nigel, sin decir más, subió; era consciente de que podría ser presa de un robo o engaño, pues le habían advertido que debía cuidarse de los ladrones especializados en asaltar o embaucar a turistas desprevenidos. Aunque momentos antes su intuición le había indicado que la opción del anciano era la correcta, ahora no tenía más posibilidades y debía asumir un nuevo riesgo si verdaderamente quería llegar al monasterio.

El anciano fue hasta la parte delantera del pesado vehículo y habló con el chofer; luego ascendió al camión para sentarse junto a Nigel.

Recorrieron lentamente varios kilómetros por caminos de tierra muy accidentados, hasta que llegaron a un refugio en la ladera de una montaña. Luego el camión retornó por el mismo camino que había venido, una vez descargados los suministros para el refugio.

En un inglés muy básico, utilizando verbos mal conjugados y frases desconectadas, el guía le indicó a Nigel que pasarían la noche allí.

El refugio estaba construido en ladrillos rústicos de un color rojizo oscuro, tal vez porque estaban hechos a mano por los habitantes del lugar; sin embargo, la construcción daba la impresión de ser muy sólida. El interior, además del pequeño palier con dos puertas que resguardaba la temperatura cuando se abría la puerta de entrada, estaba compuesto por un gran ambiente que contaba con cuatro catres de una plaza, una gran estufa a leña posicionada contra la pared frente a la puerta, y dos estufas más pequeñas en los laterales. Tanto la altura del techo del refugio como la superficie que este ocupaba eran escasas. Era evidente que el lugar estaba pensado para mantener una temperatura agradable y así resguardar a los viajeros del frío y los fuertes vientos.

El guía habló con el encargado del lugar. Luego se dirigió a Nigel y le indicó, con pocas palabras y bastantes gestos, que debía pagar por la estadía. Nigel pagó, entregando de a un billete por vez, hasta que el encargado le indicó que era suficiente, para luego agradecerle muy amablemente con una reverencia y una sonrisa.

Acomodaron sus mochilas a los pies de las camas y se aligeraron de abrigo; el anfitrión del refugio les ofreció una contundente sopa de legumbres y un generoso trozo de pan.

La cena fue reparadora y transcurrió casi en silencio, ya que el anciano hablaba solo lo necesario. Nigel, por desconocer la lengua de sus anfitriones, no podía iniciar una conversación.

Inmediatamente después de comer se fueron a dormir, abrigados por las pesadas y gruesas frazadas de lana de los catres y el calor que provenía de las estufas.

A la mañana siguiente, minutos antes del amanecer, se pusieron de pie. Nigel se abrigó adecuadamente y aprontó su mochila, revisando que todos los elementos necesarios estuvieran allí. En ese momento, el guía se la pidió; con todo detenimiento, revisó el contenido. Nigel entendió que el anciano se estaba asegurando de que contara con todo lo necesario para continuar con la marcha, tratando de evitar imprevistos que incluso pudieran costarle la vida.

Antes de partir, el anfitrión le entregó una mochila al anciano, quien revisó su contenido de la misma forma que lo había hecho con el equipaje de su acompañante. Nigel concluyó que el anciano había dejado ese bolso allí, en su paso camino al pueblo. Era razonable, pues cuesta abajo no era necesario contar con tanto equipo, pero cuesta arriba sucedía todo lo contrario. Andar por allí sin los elementos adecuados es un verdadero suicidio.

Tras despedirse del amable encargado del refugio, iniciaron la marcha a pie, la única forma de desplazarse por el accidentado suelo del lugar.

Al promediar la tarde, el guía decidió buscar un lugar para pasar la noche. Armaron una pequeña carpa y se dispusieron a pernoctar en un lugar totalmente desolado.

El anciano seguía manteniéndose en silencio, no hablaba ni siquiera cuando su acompañante trataba de hacerle preguntas. Por ello, Nigel decidió respetar el silencio de su guía y disfrutar de la mágica belleza que ese lugar poseía: los altos picos nevados, la claridad de la atmósfera que ya allí podía sentirse más delgada, el celeste inmaculado del cielo en compañía del blanco no menos puro de las pocas nubes que lo salpicaban, la pureza del aire, y la energía de alta vibración que emanaba por doquier.

Una ventisca suave pero constante los arrulló. Pasaron la noche al abrigo de las bajas temperaturas, acurrucados en el interior de la carpa entre sobres de dormir y mantas.

Al día siguiente continuaron la caminata, apenas asomadas las primeras luces del alba. Tras un par de horas de marcha, comenzó a asomarse lentamente por detrás de una elevación el majestuoso pico nevado del monte Kailash.

Una vez que el monte estuvo totalmente visible, Nigel se detuvo para admirarlo. Percibió que aquella inmensa masa de roca coronada de hielo era una poderosa fuente de energía. Esto le generó gran satisfacción y le ayudó a recobrar fortaleza y confianza para continuar la marcha.

Horas más tarde, cuando ya se encontraban mucho más cerca del Kailash y el sol estaba próximo a ocultarse tras los picos nevados, el guía se sentó sobre una roca y lo invitó a Nigel con un gesto para que hiciera lo mismo. El médico supuso que el anciano estaría necesitando tomar un respiro para poder proseguir con la marcha. Pero le asaltó la duda al ver que la luz natural pronto se acabaría, y por ello le preguntó:

—¿Vamos a acampar aquí?

—No —repuso el anciano a secas.

—Pero pronto será de noche.

—Silencio. La montaña va a respirar.

Nigel no entendió lo que el guía quiso decirle, pero prefirió no volver a preguntar pues supuso que el viejo sabía lo que estaba haciendo. En aquel momento, no notó que el anciano le había respondido claramente y sin tener que recurrir al uso de señas.

Pasaron algunos minutos en los que Nigel ya se había dispuesto de la forma más cómoda posible, sobre una roca cercana al anciano, y observaba calmado la magnificencia del entorno.

De pronto, la brisa que soplaba cesó. Tras breves instantes, se levantó un intenso viento, lo que hizo que Nigel tuviera que protegerse el rostro con sus manos.

—¡Vamos! —exclamó el guía tras ponerse prontamente en pie y caminar en dirección contraria al viento fuerte que se había desatado.

Nigel tomó su mochila y, tras unos rápidos pasos, se puso a la par de su acompañante.

Caminaron durante algunos minutos, lo que se iba haciendo cada vez más fácil gracias a que el viento había comenzado a amainar lentamente. El guía le señaló a Nigel una edificación que se encontraba a unos cientos de metros de ellos.

Se trataba de una edificación construida totalmente en piedra gris, y coronada por techos de tejas de colores rojos y dorados. Los tradicionales banderines de telas multicolores que se encontraban alrededor del monasterio desentonaban con el aspecto desolado del paisaje. La vegetación, apenas algunas salpicaduras de pequeñas plantas resistentes a las adversas condiciones climáticas del lugar, era muy escasa. El terreno era muy escabroso: un suelo cargado de rocas de diferentes tamaños que exigían la atención de los caminantes que pisaran ese suelo. La escena era completada por una inmensa y majestuosa muralla de montañas que atesoraban celosamente el monasterio.

Al enfrentarse a esa panorámica, Nigel quedó sin aliento. De inmediato reconoció la escena. Él había visitado aquel sitio en sueños y en aquella oportunidad no había logrado traspasar las puertas de esa especie de fortaleza de sabiduría.

También recordó aquella advertencia que había encontrado en internet sobre el encuentro con la muerte para quienes se atrevieran a alcanzar Nirmanakshetra.

Lentamente se aproximaron a la entrada principal. La enorme puerta de madera presentaba, en el centro de cada una de las dos hojas que la componían, un hermoso entallado; era el mismo colibrí del sello lacrado con las instrucciones que Simon le había entregado. Una confirmación más de que habían llegado al lugar correcto.

Dos estatuas de leones se emplazaban a cada lado de la puerta. Nigel pudo apreciar el realismo del acabado y la majestuosidad de las figuras, tan grandes como la enorme puerta que custodiaban. Esas figuras representaban a los protectores de Nirmanakshetra, seres legendarios a los que se les atribuye la fuerza del león, la fidelidad del perro y el misticismo del dragón.

Una vez frente a la entrada, el guía golpeó la enorme puerta utilizando un tronco pesado que colgaba de dos sogas bastante gruesas; caían desde el techo del pórtico, que era sostenido por cuatro grandes columnas.

Tras una breve espera, se abrió una ventanilla en la puerta. El guía saludó levantando su mano y diciendo unas pocas palabras, pese a que no era posible ver quién se encontraba del otro lado. La pequeña ventana se cerró, sonaron ruidos de pesados herrajes y luego, lentamente, la puerta se abrió lo suficiente para que ellos pudieran ingresar.

Los viajantes entraron al lugar y, en el preciso instante en que cruzaron la puerta, Nigel tomó una profunda bocanada de aire; contuvo la respiración, temiendo ser arrastrado nuevamente fuera de allí.

Con grato alivio se encontró dentro del monasterio y lo celebró con un largo suspiro. Fueron recibidos por dos monjes que se apresuraron a cerrar la gigantesca puerta, para luego saludar con una reverencia a los viajantes.

Puesto que el anciano había cumplido con su trabajo, Nigel recurrió nuevamente al sobre de valores para extraer los cincuenta dólares del saldo a sus servicios de guía. Pero al extenderle el dinero, el anciano replicó "no" con movimientos oscilantes de su cabeza. Introdujo la mano en su bolsillo, sacó los billetes que había recibido y se los devolvió a Nigel.

Nigel no pudo entender lo que sucedía hasta que el anciano le explicó.

—Pertenezco a este lugar, es parte de mi labor haberte traído hasta aquí.

Entonces Nigel reparó en que el viejo podía comunicarse con él perfectamente, pero no le pareció pertinente reclamarle o consultarle la causa por la que recién al llegar a Nirmanakshetra había logrado una comunicación fluida.

—Muchas gracias —le respondió Nigel al tiempo que tomaba los billetes que el anciano le estaba devolviendo.

Poco después supo que, tanto la incertidumbre hasta el último momento de poder alcanzar el monasterio, como la decisión en cuanto a la elección del guía, eran algunas de las pruebas de su peregrinación. Según le comentaron luego, el otro hombre que ofrecía sus servicios a la mitad de precio era un embaucador que habitualmente estafaba y robaba a los turistas. De haberse equivocado en esa elección, seguramente nunca habría llegado al monasterio.

Tras despedirse del guía con un fuerte apretón de manos —que le hizo entender a Nigel que el anciano tenía mucha más fuerza vital de la que aparentaba— se separaron. Uno de los monjes se retiró junto con el anciano por uno de los tres enormes pasillos abovedados que desembocaban perpendicularmente en la entrada. El otro monje, con amable gesto, le indicó a Nigel que lo acompañara. Él asintió con la cabeza y lo siguió.

Atravesaron una gran arcada, después de lo cual salieron a un amplio jardín interior de superficie cuadrada, de unos ochenta metros de lado. En ese lugar, la vegetación era exuberante: plantas de variado colorido, follaje y floración. La belleza de ese edén era aumentada por la presencia de mariposas de múltiples colores y pájaros de especies diferentes que revoloteaban, regalando alegría con su canto. Nigel quedó sobrecogido por la belleza del entorno y la temperatura agradable del lugar; por lo visto, no había nada que aislara ese vergel del gélido cielo abierto.

—Espere aquí, por favor —le indicó el monje mientras señalaba una glorieta que se encontraba en medio del jardín. Exhibía tanta belleza como su entorno, por la perfección de sus grabados y el armonioso diseño curvilíneo de su estructura.

Nigel siguió contemplando el lugar. Sintió que ese sitio estaba inundado de la misma energía que había percibido en la zona, pero mucho más intensa. Minutos después, su atención fue llamada por una voz que provenía de atrás.

—¡Nigel, que gusto verte!

Se trataba de Simon. Esta vez se encontraba ataviado con una toga naranja, similar a la que llevaban los monjes.

—Has llegado justo a tiempo.

Simon se refería a la fecha que le había indicado el día del encuentro a la salida de la estación de metro, cuando le entregó las instrucciones para llegar al monasterio. Claro que Nigel desconocía en ese momento la importancia de la fecha en que debía estar en Nirmanakshetra, pero era relevante debido a la sincronicidad que se establecería con algunas de las experiencias por vivir allí. En particular, con la que estaba a punto de experimentar.

—Supongo que estarás cansado por el viaje, me gustaría que te tomaras lo que queda de este día para descansar.

—Gracias, Simon, realmente necesito recuperar fuerzas.

Se dirigieron al comedor de Nirmanakshetra. Sobre una larga mesa cubierta de un extenso mantel blanco que llegaba hasta el suelo, había frutas en grandes fuentes. Simon lo invitó a tomar algunas.

—Vaya, ¿cómo logran tener esta variedad de frutas aquí? —consultó Nigel, al verse sorprendido por la explosión de variedad y color que había sobre aquella mesa.

—Dentro del monasterio tenemos viveros con climas que nos permiten cultivar nuestras propias frutas y verduras. El agua de riego, que también la utilizamos para nuestro consumo, proviene de un manantial que se encuentra aquí mismo. Y el suelo, a pesar de parecer estéril fuera de estas paredes, es tremendamente rico en nutrientes.

—¿Cómo logran que no se congele todo? —preguntó Nigel mientras tomaba un mango; lo colocó junto con algunas frutillas, un trozo de melón y algunas rodajas de ananá que ya tenía en el plato, mientras terminaba de recorrer la mesa de frutas.

Simon sonrió, pues esa era la explicación más difícil acerca de los secretos de ese jardín. Hizo una pausa para tomar un plato de la pila que se encontraba en el extremo izquierdo de la mesa; luego se dirigió directo a la fuente de papayas para servirse una.

—Bueno, para darte una explicación breve, te diré que hemos logrado canalizar la energía de la montaña. Eso nos permite mantener una temperatura ideal para el cultivo de las frutas que aquí ves. Así podemos lograr una especie de invernadero de diferentes intensidades térmicas, dependiendo de las necesidades del cultivo que queramos desarrollar.

Luego de abastecerse de frutas, tomaron cubiertos de una bandeja situada en el extremo derecho de la mesa y se dirigieron a una de las varias largas mesas que había en el gran comedor.

Disfrutaron de la dulzura y sabor de aquellas frutas tanto como del diálogo que entablaron.

Tras reponer energías y conversar, se dispusieron a recorrer el monasterio a pedido de Nigel: quería saciar su curiosidad por conocer el interior del mítico lugar.

La edificación estaba compuesta por tres plantas superiores y una por debajo del nivel del suelo con función de almacén y depósito. La solidez de la construcción en piedra era notoria en todos los ambientes y pasillos.

Visitaron los lugares principales: la biblioteca, donde podían encontrarse libros y manuscritos sobre todo tipo de materias (existía en particular una enorme cantidad de volúmenes relacionados con la evolución del ser humano y su crecimiento espiritual); los jardines, que contaban con hermosas esculturas, flores, árboles y plantas dispuestos de tal forma que el paisaje en sí mismo era una obra de arte; los viveros, de donde provenían las frutas y verduras que se consumían en el lugar; luego, salones de clases para impartir el mismo tipo de conocimiento que Markus compartiera tiempo atrás con Nigel; talleres de arte donde se enseñaba y practicaba música, pintura y escultura. Al verlos, Nigel se prometió a sí mismo que pintaría algún cuadro con total libertad, sin temor de ser visto invirtiendo tiempo en una de sus grandes pasiones.

Luego de recorrer el monasterio, se dirigieron hasta la habitación en la que Nigel se alojaría, para que pudiera desempacar sus pertenencias y descansar. En la sencilla cama que le fue ofrecida, el visitante concilió el sueño ni bien apoyó la cabeza sobre su delgada pero mullida almohada.

Abrió los ojos en mitad de la noche y miró a su alrededor. Ya no se encontraba en el dormitorio. Se incorporó y observó el entorno. Estaba en un salón de forma circular; el lugar se encontraba a media luz, iluminado por las luces de cientos de pequeñas velas. El techo de la habitación parecía ser muy alto, ya que la luz del lugar no lograba alcanzarlo.

De pronto una puerta se abrió dejando que una luz potente penetrara. Una sombra atravesó la puerta: era un hombre que vestía una toga violeta. El hombre caminó en torno a Nigel adoptando una trayectoria circular, para al fin detenerse sobre un pequeño símbolo que estaba dibujado en el suelo. Nigel notó que había varios símbolos más alrededor de él. Otro hombre de toga violeta entró al cuarto; la escena se repitió una y otra vez hasta que once hombres de idénticas vestiduras rodearon a Nigel.

La cabeza de los monjes se encontraba cubierta por una capucha profunda que formaba parte de la toga. Extrañamente, uno no llevaba puesta la capucha; se trataba de Simon, quién se colocó sobre el último símbolo que quedaba libre. Nigel notó que Simon tenía una apariencia distinta; parecía haber rejuvenecido, presentaba un brillo especial en sus ojos y en su sonrisa.

Simon elevó los brazos con las palmas hacia el cielo y tras él los otros hombres hicieron lo mismo. Comenzó a recitar un poderoso mantra en una lengua antigua. Luego todos los que estaban allí volvieron a repetir el mantra una y otra vez.

Nigel comenzó a sentir que todo a su alrededor daba vueltas cada vez más rápido. Tras algunos instantes, el entorno había perdido forma; se encontró en un lugar donde solo podía verse luz blanca. No había paredes, ni suelo, ni techo. Sintió que se encontraba suspendido en medio de la nada, pero notó que no estaba solo. Ciertamente, lo acompañaba Simon.

—Nigel, realizaremos un viaje por los reinos de existencia. En todo momento estarás acompañado por mí —dijo Simon mientras extendía su mano para apoyarla sobre el hombro de Nigel y así darle cierta tranquilidad: sabía que la experiencia sería impactante.

Él respondió asintiendo con la cabeza, lo que permitió a Simon continuar con el ritual repitiendo tres veces, en un tono gutural, el extenso mantra que los llevaría al primer reino.

Repentinamente pasaron de encontrarse envueltos en una potente luz blanca a la más profunda oscuridad. Apenas podían verse sombras que pasaban a toda velocidad cerca de ellos. También se escuchaban gritos, gemidos y rugidos provenientes de todas direcciones.

El lugar era lúgubre, oscuro; todo estaba envuelto en una niebla espesa que transportaba un fétido y penetrante hedor de restos orgánicos en descomposición. La atmósfera era húmeda, pesada, tan densa que se hacía difícil respirar allí. Por la niebla, no podía verse el piso, pero parecía estar compuesto por un lodo viscoso que aprisionaba los pies de los que por allí caminaban.

A cierta distancia, se podían ver varias columnas de fuego que desprendían copiosas nubes de humo; las llamaradas, a pesar de su gran intensidad, generaban poca luz. Sin embargo, un pálido reflejo rojizo aparecía, borroso, entre una densa capa de nubarrones en el cielo; en los cortos lapsos de tiempo en que la niebla se disipaba, se dejaba ver un poco más del entorno.

Allí había escarpados montes y profundas cavernas que devoraban la poca luz que podía iluminarlas. De pronto, se divisaban grupos de seres; eran en su mayoría desgarbados, de apariencia grotesca por la asimetría de sus cuerpos desnudos cubiertos por capas de tizne y mugre; sus extremidades totalmente desproporcionadas y enormes protuberancias que les dificultaban el andar. El que más le llamó la atención a Nigel fue un humanoide que pasó corriendo cerca de él. Le faltaban ambos brazos y su cabeza estaba girada 180 grados de su posición normal. Miraba hacia sus espaldas y, dado que las piernas estaban correctamente posicionadas, debía correr mirando por encima de sus hombros. A pesar de que corría con una expresión de terror y desesperación, cuando pasó cerca de Nigel y Simon no perdió la oportunidad de escupirlos e insultarlos a gritos, sin siquiera detener su apresurada marcha.

De pronto, Nigel sintió unas manos que trataban de tomarle los pies; inmediatamente dio un salto y miró donde se encontraba parado para entender de qué se trataba. No pudo ver más que la densa niebla arremolinándose por los movimientos que él había realizado.

Comenzó a sentir cierto temor, pues aquel lugar superaba las visiones del infierno que el Bosco había plasmado en sus obras.

—No. No temas. Nunca sientas temor en este lugar —le dijo Simon al tiempo que hacía un gesto de negación con su mano y su cabeza.

Momentos después, arrojado desde la oscuridad y atraído por el olor del miedo, arremetió un ser antropomorfo de más de dos metros de altura. Su piel escamada, gruesa y grasosa, estaba cubierta de verrugas; tenía largos y toscos cabellos negros como el azabache. Los ojos, totalmente inyectados en sangre; en lugar de boca, unas horrendas fauces, con grandes dientes de color marrón oscuro. Su cuerpo era recorrido frenéticamente por innumerable cantidad de moscas: buscaban alimentarse de las salpicaduras de sangre y la supuración de las pústulas que cubrían el cuero de la aberración.

—¿Quién eres tú? —exclamó el espantoso engendro luego de arrojar con inusitada violencia y desprecio la carga que venía arrastrando. Era el cadáver de un hombre, cubierto de enormes heridas que parecían ser producto de dentelladas que habían desgarrado su carne y arrancado brazos y piernas.

Luego del sonido desagradable y sordo del cadáver golpeando contra el suelo, el monstruo se acercó súbitamente a Nigel.

Él mantuvo una profunda calma y, siguiendo el consejo de Simon, pudo contener el temor gracias al desarrollo que había alcanzado en los últimos tiempos.

El horrendo ser comenzó a darle vueltas alrededor, mientras lo observaba de arriba abajo y lo olfateaba, como si se tratara de una fiera acechando a su presa.

—¿A qué mierda has venido, maldito hijo de puta? ¡Tú no perteneces a este lugar, vete de inmediato! —vociferó la bestia.

En ese momento Simon comenzó a recitar otro mantra, lo que hizo que el engendro tomara conciencia de que Nigel no se encontraba solo.

Al dar un paso hacia el costado, Nigel pudo ver que los ojos de Simon se habían clavado en los del engendro. No sintió temor, pero la intensidad de aquella mirada lo estremeció hasta los huesos. Giró su cabeza para no perder de vista al monstruo y notó que este tampoco dejaba de mirar a Simon. Ciertamente, el demonio entendió que se encontraba ante una gran amenaza, pues Simon era un viejo conocido, y sabía que en cualquier momento los implacables leones de Nirmanakshetra podrían aparecer. Retrocediendo sobre sus pasos, el monstruo súbitamente desapareció, como devorado por la densa cortina de niebla.

Simon cerró sus ojos al ver que había logrado ahuyentar al demoníaco ser, y continúo repitiendo el mantra para desencadenar una brisa que los envolvió, transportándolos hasta un lugar sombrío; no tanto como el que se encontraban momentos antes, pero nada agradable.

Ahí todo estaba cubierto de una iluminación platinada tenue, similar a las noches de luna llena cuando el cielo está cubierto de nubes. Una llovizna fina, que parecía ser de ceniza, caía constantemente formando una capa de varios centímetros de espesor. Nigel observó que sobre este polvillo que cubría el suelo, se formaban, a escasos metros de donde se encontraba, huellas de pequeños pies. Sin embargo, nadie pasaba por allí: parecía como si un ser invisible las estuviera dejando a su paso.

Momentos más tarde, una joven mujer apareció de la penumbra desde donde provenían las huellas. Vestía un camisón de un blanco pálido, casi grisáceo. Su cabello era largo y oscuro; su rostro demacrado y de facciones cadavéricas poseía una expresión de desasosiego. Caminaba de forma que sus pies pisaban exactamente sobre las huellas que se habían generado por sí solas. Parecía que esa mujer no tenía voluntad propia y estaba destinada a vagar detrás de aquellas huellas.

Vio alejarse a la mujer y desaparecer entre nubarrones de niebla, entre los que también podían vislumbrarse sombras que iban y venían de un lado para otro. Permanecieron allí el tiempo suficiente para observar a otros seres. Algunos se detenían a preguntar dónde se encontraban, o de qué forma podían llegar a lugares desconocidos para Nigel. Otros arrastraban grandes bolsas colmadas de objetos inverosímiles; constantemente les pedían a los que se les cruzaban cosas sin sentido, innecesarias para su estado o para el lugar donde se encontraban. Pretendían almacenarlas en sus inmensas bolsas, aumentando la innecesaria carga a sus espaldas.

Simon llamó la atención de Nigel, que estaba absorto observando aquel lugar inaudito.

—Nigel, ¿podemos continuar?

Él respondió afirmativamente con la cabeza mientras seguía escudriñando la escena. Esto hizo que Simon pronunciara otra vez el mantra que los llevaría a otro reino.

La vegetación era exótica, plantas de varias especies cubrían el lugar invadiendo el suelo y apoderándose de los troncos de algunos de los inmensos árboles. El aire estaba cargado de humedad. Podía percibirse que en ese lugar la vida bullía incesantemente. Se escuchaban los sonidos de todo tipo de pájaros, monos, ranas y el zumbido de insectos voladores. Parecía una incubadora gigante de todo tipo de vida.

Luego de que Nigel recorriera atentamente el lugar con su mirada, Simon se dirigió a él.

—Ahora vas a pasar por una experiencia única, solamente podrás evaluarla cuando termine. Por favor, cierra los ojos.

Nigel hizo caso a las indicaciones de su acompañante y, una vez que tuvo los ojos cerrados, sintió el chasquido de los dedos de Simon. Inmediatamente pasó a un estado de conciencia distinto:

para él dejó de existir el pasado y el futuro, simplemente existía el ahora; tampoco tenía conciencia de ser, sino simplemente la vivencia de la propia vida manifestándose.

Totalmente transformado en su forma física, elevó sus alas al cielo y voló con total libertad. Sobrevolando las copas de los inmensos árboles, podía ver el horizonte en todas direcciones. Sintió que el viento y él eran uno: el viento lo mantenía más allá de los dominios de los animales terrestres, y él le regalaba la majestuosidad de su vuelo mientras lo acariciaba con sus alas.

Al rato, la necesidad de aterrizar le hizo descender rápidamente y posarse sobre la raíz de un árbol que descansaba a la orilla del río.

Un súbito desvanecimiento le hizo caer en las aguas.

Allí, nuevamente transfigurado, nadó hacia lo más profundo, vio a varios peces que nadaban junto a él. Pasó cerca de un caimán que, por poco, casi lo devora; continuó nadando tan rápido como pudo. Lo hizo a favor de la corriente, luego en contra, y allí pudo sentir la poderosa fuerza del gigante que fluye sin pausa, alimentando a la tierra que lo sustenta y dando vida a su paso.

En lo más profundo del lecho sintió la necesidad de luz, dado que allí el agua era demasiado turbia y la luminosidad escasa; por ello se atrevió a nadar rápidamente a la superficie. Lo hizo con tanto ímpetu que saltó afuera del agua y pudo ver el inmaculado celeste del cielo.

Al caer, sus aletas, ahora transformadas en patas, se apoyaron en la orilla del río que segundos antes lo había cobijado. Inmediatamente dio un salto y se aferró a la gruesa rama de un árbol.

Trepó rápidamente hasta una posición segura donde las hojas lo mantenían oculto. Desde allí podía ver el cielo, la espesura, y el río que seguía fluyendo sabiéndose infinito.

Sació la necesidad de proyectar su presencia lanzando un rugido que retumbó entre las márgenes del río. Se sentía el rey del lugar, su instinto sabía que tan solo debía cuidarse de un animal; los demás debían cuidarse de él.

Nuevamente, un arranque súbito hizo que saltara de rama en rama hasta pisar suelo firme. Allí comenzó a correr dando saltos y agachándose entre la maleza, hasta que llegó al borde de la densa vegetación; entonces dejó de correr y comenzó a caminar lentamente por los matorrales.

Disfrutó de la brisa que peinaba su hermoso pelaje y traía el olor de otros animales que se encontraban no muy lejos de allí. Esos olores hicieron que resurgiera aquel impulso que nuevamente lo incitó a correr.

Recorrió unas cuantas decenas de metros hasta que aquel arranque pasional desapareció por completo al encontrarse nuevamente en su forma humana. A su lado se encontraba Simon, quien hizo una prolongada pausa para que Nigel pudiera asimilar adecuadamente las experiencias que acababa de vivir. Tras ello, Simon hizo que el entorno se desvaneciera y se trasladaran a un hermoso jardín.

El sol brillaba, las praderas verdes estaban adornadas de plantas y flores de colorida y variada belleza. También había grandes árboles frondosos que generosamente brindaban la amplitud de sus sombras.

El encontrarse sobre un lugar elevado les permitió apreciar mejor la panorámica más lejana. A la distancia, podía verse un océano de un azul turquesa que llegaba al encuentro de las arenas blancas de anchas playas. La imagen del lugar mostraba la perfecta combinación de frondosos jardines con paradisíacas playas oceánicas. Enriquecían la atmósfera exquisitos aromas que emanaban de las flores y plantas aromáticas, y los hermosos pájaros de vívidos colores obsequiaban cantos de indescriptible belleza.

Por una de las sendas del lugar pasó cerca de ellos una mujer de larga cabellera dorada y angelicales facciones. Vestía un vestido blanco, largo y amplio; la tela con la que estaba confeccionado le daba una pesada caída que, pese a la sobriedad de la vestimenta, le aportaba una buena cuota de elegancia. La imagen de aquella mujer transmitía la sensación de estar presenciando el movimiento de una escultura viviente.

Esos breves instantes en que Nigel y Simon permanecieron en ese lugar les permitió observar que todas las personas que se encontraban allí estaban alegres, sonrientes y felices. Pero Nigel percibió en algunos de ellos el mismo tipo de miradas agudas que poseían algunos de sus colegas.

Tras el tiempo necesario para la asimilación de la experiencia, nuevamente un mantra fue pronunciado por Simon y una brisa repentina hizo que Nigel cerrara los ojos. Cuando los abrió, se encontraba frente a un palacio de una majestuosidad y belleza indescriptibles.

Nigel notó que el palacio y ellos mismos se encontraban suspendidos en el aire, rodeados de nubes. Ese mágico lugar parecía estar erigido en el cielo. En el ambiente reinaba un absoluto silencio; sin embargo, a niveles más sutiles podían percibirse armoniosas melodías.

Los seres que entraban y salían del palacio parecían estar hechos de luz y poseían una exuberante belleza, pero distinta a la de las personas del lugar donde habían estado momentos antes. Su belleza no solo podía percibirse con los sentidos externos sino también con los internos.

Uno de esos seres apareció de pronto de la nada y se dirigió hacia donde ellos se encontraban. Se acercó hasta unos pocos pasos de distancia y les saludó amablemente.

—Paz, sean bienvenidos, hermanos —dijo el etéreo ser pero sin utilizar la voz, ya que los habitantes de ese lugar se comunicaban de forma telepática.

—Paz, gracias, hermano —contestó Simon utilizando la misma forma de comunicación.

—¿Puedo ayudarlos en algo?

—No, gracias, simplemente hemos venido aquí por breves instantes, ya nos vamos.

—Siempre serán bienvenidos aquí, pueden visitarnos cuando lo deseen. —Luego de mencionar estas palabras, el ser de luz se retiró hacia el palacio.

Nigel quedó maravillado con ese paradisíaco lugar que, sin lugar a dudas, había sido el más agradable de todos los que habían visitado hasta el momento. Sin embargo, en aquellos seres de luz se percibía un sentimiento que los alejaba de la perfección.

Finalmente, Simon reiteró la práctica que les había permitido viajar, y ambos fueron transportados a la habitación donde había comenzado la singular travesía.

Nigel se encontraba parado en el centro de la formación y Simon cerraba el círculo de los doce hombres, la misma posición en la que estaban antes de que comenzara el viaje. Entonces Simon dio algunos pasos hasta donde se encontraba Nigel, y el resto de los hombres comenzaron a marcharse en silencio, uno tras otro, atravesando la misma puerta por la que habían ingresado.

Una vez que todos los maestros de la práctica se habían retirado, Simon se dirigió a su discípulo.

—Nigel, hemos realizado un breve viaje por los seis reinos de existencia.

"Descendimos hasta las oscuras profundidades del infierno, donde predomina el odio.

"Luego fuimos ascendiendo hacia los otros reinos, y seguimos con el reino de los espíritus errantes. Los seres que allí habitan se encuentran sedientos de cosas e impulsados por la codicia.

"Desde allí nos trasladamos al reino de los animales, donde pudiste encarnar la existencia de algunos de ellos. En ese dominio predomina la ignorancia.

"Obviamos el reino humano, que tú bien conoces y donde predomina el deseo. Por ello pasamos directamente al reino de los semidioses, que es manifestado por los celos.

"Finalmente, ascendimos al dominio de los dioses, donde el orgullo es el sentimiento generador.

"A partir de ahora tendrás la posibilidad de desarrollar la capacidad de percibir e interactuar con los seres de cualquiera de esos reinos y más allá. Pero para ello deberás ser iniciado como maestro de nuestra tradición. ¿Deseas hacerlo? ¿Estás listo para eso?

—Sí, Simon, estoy listo, para eso he venido —contestó Nigel sin dudas ni cuestionamientos.

—Bien, entonces comenzaremos a prepararte para tu iniciación. Puedes retirarte a descansar —dijo Simon al tiempo que le señalaba una puerta. Nigel se dirigió hacia ella y, al atravesarla, de inmediato se encontró en su cama con los ojos cerrados; los abrió al instante y miró a su alrededor para tomar conciencia del lugar donde se hallaba realmente.

Por un instante pensó que aquella experiencia había sido un sueño, pero luego se dio cuenta que, en aquel lugar, la línea divisoria entre sueños y realidad era tan delgada como el aire que se respiraba en la montaña donde se erige el monasterio.

Permaneció en su habitación y repasó los sucesos que había vivido esa noche; luego tomó notas en su diario. Poco después, cayó profundamente dormido.

LA GUARDIANA

No puedes sumergirte dos veces en el mismo río. Todo fluye, nada permanece en reposo. La única constante es el cambio.

Heráclito de Éfeso (535 a.C. — 475 a.C.), filósofo griego.

Eran las últimas horas de la tarde. En ese momento del día, Nigel acostumbraba tomar largas sesiones de lectura en la enorme biblioteca de Nirmanakshetra. Fue allí donde pudo estudiar otras lenguas, entre ellas el sánscrito; gracias a ello comprendió lo que decían las páginas de aquel libro que Simon siempre llevaba consigo, y que tanta curiosidad le había generado en su momento.

También pudo acceder a interesantes manuscritos originales. A Nigel le llamaba particularmente la atención el excelente estado de conservación de los más antiguos, que contaban con más de cinco mil años de edad, y que eran celosamente custodiados y conservados por los encargados de la biblioteca.

Nigel sintió el cansancio y decidió que era hora de dejar la lectura. Como de costumbre, al abandonar la biblioteca se dirigió por uno de los pasillos que llevaban al jardín de la Rueda de la Compasión. Era sin dudas el lugar más apacible del monasterio, y sin dudas el más mágico.

El entorno del jardín se encontraba poblado de hermosas plantas, arbustos y flores de variados colores y formas. Hacia el centro, una alfombra conformada de fina gramilla presentaba un hermoso e intrincado mandala, más colorido aún que la diversidad de flores que lo rodeaban.

En el centro del mandala, había un espejo de agua cristalina de unos cuatro metros de diámetro y que fluía en sentido circular. A escasos centímetros de la superficie del agua, se hallaba una inmensa roca de forma cilíndrica, de unos tres metros de diámetro y el triple de altura. La piedra, al igual que el agua, giraba lenta e incesantemente sobre el centro del espejo.

Pero lo que volvía prodigioso el lugar era que la roca no tenía contacto físico alguno con el entorno. Los monjes de

Nirmanakshetra le habían revelado a Nigel que aquella roca era sostenida y movida por poderosas fuerzas sutiles de alta vibración.

Para ellos, la importancia de la roca radicaba en el mantra que se encontraba tallado en ella. Era OM MANI PADME HUM, conocido como el mantra de la compasión; este mantra tiene el poder de transformar los aspectos negativos en positivos, así como liberar a los seres conscientes de la ignorancia. Según le habían explicado a Nigel, esa roca se encontraba girando allí desde los comienzos del tiempo, y resultaba una poderosa fuente de energía: por cada rotación que el mantra tallado en ella realizaba, aumentaba asimismo la intensidad de las vibraciones que emanaban de la roca.

También en ese mismo jardín, a escasos metros de la roca de la compasión, se encontraba una hermosa escultura trabajada hasta el ínfimo detalle de Avalokiteshvara, el buda de la compasión, a quien se le atribuía el mantra esculpido en la roca.

Cuenta la historia que, en un tiempo muy remoto, mil príncipes realizaron el voto para convertirse en budas. En ese momento, Avalokiteshvara se comprometió a no alcanzar la iluminación hasta que el resto de los príncipes se convirtieran en budas.

También allí, impulsado por su infinita compasión, hizo el voto de liberar a todos los seres de los sufrimientos que experimentaban en los reinos de existencia donde se encontraran.

Dicen que, al realizar su voto, Avalokiteshvara expresó: "Que pueda ayudar a todos los seres. Y si alguna vez me canso de realizar esta obra, que mi cuerpo se destruya en mil pedazos".

Fue así como se dirigió primero a los reinos infernales, y luego ascendió recorriendo los otros planos de existencia. A medida que transitaba por ellos, llevaba la salvación a todos los seres con los que se encontraba.

Luego de recorrer el último reino, el de los dioses, miró hacia abajo. Una profunda tristeza se apoderó de él al ver que, a pesar de haber salvado a un incalculable número de seres, había un número también incalculable de otros seres que seguían cayendo en el sufrimiento. Entonces, por un instante, se vio desalentado.

El grado de compromiso que conllevan los votos de los budas es tan grande que de inmediato se cumplió lo que había prometido: su cuerpo estalló en mil pedazos.

En ese momento, Avalokiteshvara se sumió en la desesperación y pidió ayuda a todos los budas, quienes de inmediato acudieron a socorrerle.

Con su gran poder, los budas volvieron a reunir los pedazos del cuerpo de Avalokiteshvara, y a partir de eso tuvo once cabezas, mil brazos y un ojo en la palma de cada mano, simbolizando la compasión como unión de sabiduría con medios prácticos.

Avalokiteshvara, en su nueva forma, se convirtió en un buda mucho más poderoso y la intensidad de su compasión se intensificó aún más, reafirmando su voto de no alcanzar la iluminación definitiva hasta que todos los seres fueran liberados.

En los sutras del Mahayana está escrito que Avalokiteshvara dio su mantra de compasión al buda Siddhartha, quien también era uno de los mil príncipes que habían realizado el voto. Siddhartha, a cambio, le concedió la tarea de ayudar a todos los seres a alcanzar la iluminación.

Luego de realizar una meditación centrada en el mantra y en la rueda de la compasión, como los monjes del lugar llamaban a esa mágica roca sagrada, Nigel continuó camino hacia la parte interior del monasterio. Para ello debía atravesar otro pequeño jardín que servía de descanso a los largos pasillos que desembocaban en él.

Llamó su atención la presencia de una joven mujer que se encontraba al costado del sendero. No tenía el mismo aspecto que las residentes del lugar; estas generalmente vestían ropas sencillas y tenían el cabello corto o recogido. Pero esta mujer tenía una voluminosa, larga cabellera de un rubio opaco caramelizado, con grandes rizos que le llegaban hasta la cintura. Vestía una blusa roja de textura sedosa, pantalones negros, y botines brillantes del mismo color. Nigel supuso que se trataba de una visitante recién llegada con una vestimenta un tanto extravagante para el lugar en el que se encontraban.

Al pasar al lado, la mujer —que estaba sentada sobre un manto rojo pálido— giró su cabeza y elevó su mirada hasta el rostro de Nigel.

Sus ojos eran profundos, de un extraño brillo opaco; parecía que la luminosidad del entorno era devorada por su mirada. Sus extensas pupilas de color ámbar recordaban trozos de cristal, por la compleja estructura interior que mostraban. Parecía que todo un universo se manifestaba en el interior de su mirada.

Nigel quedó impactado por el encuentro con esos ojos, trató de leerlos pero no pudo descifrar mucho. Sin embargo, algo no le agradó; sintió que debía ser cauteloso, al menos hasta que pudiera saber más acerca de la dueña de aquella mirada.

La mujer sonrió y dejó ver sus hermosos dientes de un blanco inmaculado, tan blancos como su cutis. Tras ello, le saludó.

—Hola, Nigel. ¿Cómo estás?

Fueron pocas las palabras que salieron de su boca, pero suficientes para tener una muestra del profundo y aterciopelado tono de su voz. Sin embargo, estas palabras fueron suficientes para aumentar el resquemor de Nigel, haciendo que adoptara una posición defensiva.

—Disculpa, pero creo que no nos conocemos. ¿Cómo sabes mi nombre?

Ella mantuvo su sonrisa y, apoyando la palma de su mano sobre el manto, lo invitó a que se acercara.

—Ven, siéntate, por favor.

Por un momento Nigel pensó en desechar el ofrecimiento y continuar, pero sabía que luego debería lidiar con su curiosidad. Se dijo que no tenía sentido desconfiar de la gente que se encontrara allí, y mucho menos de una mujer tan hermosa. Así que inmediatamente tomó asiento frente a la dama.

Una vez que estuvo más cerca, pudo percibir su perfume. Era una fragancia dulcemente embriagadora, tanto que invitaba a acercarse más y más para poder percibirla mejor.

Todo lo que provenía de esa mujer generaba atracción, no había sentido que pudiera escapar de la trampa de seducción que se encontraba a su alrededor.

Nigel tosió levemente y dejó escapar un poco de aire por su nariz, tratando de liberarse del embrujo de ese perfume que lo arrastraba hacia aquella mujer.

Sobre el manto, entre la misteriosa mujer y Nigel, había un juego de té de porcelana blanca con diseños arabescos azules, compuesto por dos tazas y una singular tetera que le llamó la atención. La misma poseía dos asas y dos picos, que se encontraban diametralmente opuestos.

—Por favor, acompáñame con una taza de té —dijo la hermosa dama.

Nigel, sin detenerse en la decisión, respondió asintiendo con su cabeza.

La mujer tomó la tetera con movimientos tan delicados como sus bellas manos y sirvió la infusión en la taza de Nigel hasta la mitad. Luego, con la misma cadencia, giró la tetera y dejó caer algunas gotas desde el otro pico.

Ella también sirvió té en su taza, pero solo del primer pico, sin hacer uso del segundo, como lo había hecho con Nigel.

Depositó la tetera nuevamente entre ellos, y finalizó su ceremonioso ofrecimiento acomodando la larga cabellera que caía sobre su espalda. Con un seductor movimiento de cabeza acompañado de ambas manos, permitió que su melena descansara por sobre su hombro derecho, dejando la voluptuosa forma de su seno sobresaliendo sugestivamente entre la cabellera.

Nigel disfrutó, por menos tiempo del que hubiera querido, de aquella fuente de hipnótica femineidad que se encontraba frente a él. Se obligó a interrumpir el hechizo de seducción en el que había caído haciéndole una pregunta a la etérea dama.

—¿Por qué no te sirves de ambos lados como lo hiciste con mi taza?

—Es que prefiero saborear el profundo amargo del primer té. El segundo es para suavizar el sabor.

Ambos comenzaron a beber.

Nigel tomó un sorbo observando el contenido de la taza.

El té era de un color marrón oscuro, y su sabor era amargo y tremendamente astringente.

Bajó levemente su taza para poder escudriñar a la extraña mujer. Ella había tomado un sorbo que mantuvo saboreando dentro de su boca. Con los ojos cerrados y la cabeza levemente inclinada hacia atrás, permitió que se apreciara mejor su hermoso y esbelto cuello en el momento en que tragaba. Al volver la cabeza nuevamente hacia delante, dejó ver en la expresión de su rostro el profundo placer que le producía la experiencia de saborear aquella infusión.

Suavemente abrió los ojos y dirigió su mirada hacia Nigel, quien ya había dejado la taza apoyada delante de él con la intensión de no volver a beber aquel desagradable brebaje. Ella hizo lo mismo, apoyando delicadamente la taza sobre su plato y este sobre el manto que se encontraba debajo de ellos.

—Por tu expresión veo que no te ha gustado.

—Sinceramente pocas veces he bebido algo tan asqueroso —aseveró Nigel sin cuidado de causar ofensa, y tras ello lanzó la pregunta—: ¿Qué clase de infusión es? ¿Tiene algún efecto terapéutico?

Ella sonrió antes de responderle.

—Yo no lo llamaría terapéutico, pero te puedo asegurar que no volverás a tomar un té como este.

En ese momento, Nigel comenzó a sentir un fuerte gusto metálico en su paladar. Tragó saliva varias veces, intentado liberarse de aquel desagradable sabor, pero fue en vano. Esto hizo que volviera a insistir.

—¿Qué es esto? —preguntó con marcado nerviosismo, al tiempo que señalaba la taza que se encontraba frente a él.

La mujer guardó silencio y se mantuvo observándolo con una inmutable expresión de hastío, como si estuviera acostumbrada a presenciar la misma escena día tras día.

Nigel apoyó su mano derecha sobre el suelo para incorporarse y en ese momento sintió un fuerte mareo junto con el acentuado sabor amargo que aumentaba en su boca. No tuvo más remedio que volver, con movimientos aparatosos, a la posición en la que se encontraba.

Estiró las piernas para intentar incorporarse lento, en dos etapas, primero arrodillándose para luego ponerse en pie.

Cuando logró ponerse de rodillas, su vista se nubló y la sensación de mareo se intensificó. Sintió que caía a un profundo vacío con la sensación de que su cuerpo estaba muy pesado. No tuvo más remedio que tenderse sobre el manto, al costado de aquella mujer.

Ella tomó el torso de Nigel desde la base de la espalda y disminuyó la distancia que los separaba, apoyando su cabeza en su regazo. Esto, en lugar de reconfortarlo, acentuó la incomodidad que él venía experimentando; pudo sentir el frío extremo de las manos de aquella mujer atravesando su ropa.

Tras un profundo suspiro, ella comenzó a hablarle mientras le acariciaba los cabellos y lo miraba fijamente a los ojos.

La mujer dijo que cuando Dios creó al universo quiso que fuera dinámico. Por ello, necesitaba que alguien se encargara de mantenerlo en constante movimiento. Fue así que decidió crear a los guardianes de lo manifestado.

Primero creó al que debía encargarse de la creación, quien daría forma, combinando los elementos, a lo que el Gran Arquitecto ideara en la infinitud de su pensamiento.

Luego dio vida al responsable de mantener lo que el primer guardián había construido, permitiendo así que la magia de la regeneración fluyera y se preservara el equilibrio de lo manifestado.

Y por último, completó la trinidad creando al guardián del cambio, quien tendría a cargo la labor de asegurar que todo, tarde o temprano, se transformara.

La dama le confesó a Nigel que era ella ese tercer guardián del que hablaba la leyenda.

Dios le aclaró en su momento que el trabajo que le había encomendado no sería sencillo. Que los seres que supieran de ella le temerían, desconocerían la importancia de su labor para mantener el equilibrio de las cosas.

De pronto, con un tono de voz teñido de cansancio, dijo: —Ah, Nigel, Nigel. Si los humanos supieran cuán ingrata es mi labor con ustedes, tal vez me percibirían de otra forma.

En ese punto, Nigel ya sentía las extremidades dormidas, su lengua se había hinchado y sentía gusto a tierra en la boca. El frío comenzaba a apoderarse de él, y su cuerpo comenzaba a reaccionar con temblores.

Como médico, no le fue difícil darse cuenta de lo que le estaba sucediendo: estaba muriendo. En ese instante recordó lo que había leído en aquella página de internet, cuando se encontraba buscando información sobre Nirmanakshetra: "Quienes encuentran ese lugar, también encuentran la muerte".

De igual forma, con pesar, recordó la advertencia que la vidente le había hecho mucho tiempo atrás. Por desgracia, el vaticinio se estaba haciendo realidad.

Tal vez debió haber sido más precavido, o desconfiado, o haberse conformado con los conocimientos que había adquirido con Markus.

Pero ¿por qué Simon lo traicionaría de esa manera? En definitiva, Nigel hizo caso omiso de aquellas advertencias porque confiaba en Simon. ¿Sería posible que fuera una coincidencia y Simon no estuviera al tanto de lo que le estaba sucediendo allí? De cualquier modo, ya era tarde para obtener las respuestas a estas interrogantes. Pues estaba muriendo, allí, lejos de su hogar y sin la compañía de sus seres queridos.

Los cuestionamientos sobre los motivos que lo estaban llevando a la muerte fueron reemplazados por imágenes. Toda su vida comenzó a pasar por su mente a una velocidad vertiginosa. Algunas imágenes perduraban más en el cuadro mental que estaba presenciando. Eran las personas y momentos más trascendentes de su vida: sus padres y hermanos, sus sobrinos, su esposa. ¿Cómo serían sus vidas sin él?, se preguntó. Allí supuso que su mujer podría rehacer su vida sin inconvenientes, pero tal vez la pérdida sería más difícil de sobrellevar para sus padres.

Se cuestionó no haber tenido hijos, pero de inmediato se dio cuenta que era mejor así: hubiera sido una experiencia dura para ellos perder a su padre a edad temprana. Esto lo llevó a darse cuenta de que aún le faltaban muchas cosas por hacer, más allá de las múltiples metas que ya había logrado. Pero ahora era tarde y lo lamentaba profundamente.

"¿Por qué a mí? ¿Por qué ahora? ¿Por qué aquí? ¡Justamente aquí!"

Y esa mujer, ¿por qué lo había envenenado? Volvía a caer en cuestionamientos, reclamaba con profunda amargura el destino que le estaba tocando.

El final había llegado y él aún no estaba preparado para abandonar esta vida, a pesar de lo mucho que había aprendido en los últimos tiempos acerca de lo efímero de la existencia.

Antes de partir, hizo honor a su resuelta voluntad de obtener al menos una respuesta de la única persona que se encontraba junto a él. Lentamente levantó su mano y la apoyó en el hombro de aquella mujer, balbuceando con sus últimas fuerzas, y con el poco aire que sus pulmones podían procesar.

—¿Por qué me has hecho esto?

La dama con voz muy suave, mientras seguía acariciando la cabellera de Nigel, le susurró:

—Nigel, desde la concepción, este es el único hito en la vida que podemos predecir que ocurrirá, con absoluta certeza. Así que acéptalo con calma. Déjate llevar, todo estará bien...

Nigel cerró lentamente sus ojos y, tras una fuerte puntada en el pecho, todo permaneció en silencio.

Una sensación de profunda paz y armonía le abrigó. Jamás había experimentado tanto bienestar. Se sintió ligero como el aire, y esta sensación se hizo carne al ver que estaba flotando.

Miró hacia abajo y se vio a sí mismo. A su lado estaba la mujer observando hacia donde él estaba ahora, no hacia el cuerpo que yacía tendido en el suelo. Esta vez ya no lo contemplaba de la misma forma: su mirada mostraba cierta empatía, aunque parecía haber algo más. ¿Sería acaso un velado anhelo de liberación lo que sus ojos atisbaban?

Nigel siguió elevándose y vio a Nirmanakshetra en todo su esplendor, rodeado por los majestuosos picos nevados. La claridad que provenía de allí fue opacada por una fuerte luz blanca que le iluminó desde arriba. De pronto se vio rodeado por esa luminosidad que, momentos más tarde, fue disminuyendo lentamente para permitirle apreciar su entorno.

Miró a su alrededor y vio que estaba rodeado de agua totalmente transparente, pero a pesar de ello no podía verse el fondo de lo que parecía ser un lago. Tampoco su vista lograba llegar a la orilla, pues la extensión del agua llegaba hasta el horizonte de una bóveda celeste totalmente límpida.

Al mirar hacia sus pies, vio que se encontraba parado sobre la superficie del agua. Esto le causó una profunda fascinación y sonrió maravillado.

Pronto comenzó a experimentar y se atrevió a dar algunos pasos. Notó que podía caminar perfectamente sobre la superficie del lago como si lo estuviera haciendo en una pradera. La sensación que le causaba el agua bajo sus pies descalzos era por demás agradable. A cada paso que daba, disfrutaba el placer de recibir un masaje reconfortante en las plantas.

Fue cuando se dio cuenta de que estaba descalzo y entonces prestó atención a la vestimenta que llevaba. Bermudas grises, remera celeste. Las prendas de verano que a él más le agradaban, por ser las más cómodas de su vestuario.

Se preguntó si podría ir más allá de la superficie y se agachó, colocándose en cuclillas. Con su mano extendida comenzó a introducir sus dedos en aquella agua. A medida que metía su mano bajo la superficie, el éxtasis iba en aumento. Se sentía nuevamente como un niño, todo lo que experimentaba allí le brindaba nuevas sensaciones de felicidad.

Luego vino a su mente la idea de zambullirse de cabeza en aquella agua tan maravillosa. No pudo evitar que se le escapara una fuerte risa, anticipándose a la increíble sensación de bienestar que experimentaría si se encontraba totalmente sumergido en aquel milagroso lago.

Se quitó la remera y, cuando la tuvo en la mano, cayó en la cuenta de que no tenía donde dejarla. Se sonrió encogiéndose de hombros e hizo una pantomima como si la estuviera apoyando sobre el respaldo de una silla. Al soltarla, la remera se mantuvo sobre el respaldo de la silla que allí no estaba. Esto lo volvió a hacer reír. ¡Ese lugar se estaba poniendo cada vez mejor!

Ahora estaba listo para continuar con lo que se había propuesto, un increíble chapuzón en el lago de extraordinarias sensaciones. Juntó sus manos, las extendió hacia delante y se agachó levemente para tomar un pequeño impulso que lo llevaría rápidamente a un delicioso baño de inmersión.

Luego, respiró una profunda bocanada y en ese momento llamó su atención un resplandor azulado a varios metros de allí. Volvió a erguirse y puso toda su atención en aquella luminosidad que lentamente comenzó a aproximarse hacia él.

Desde el mortecino resplandor, una imagen difusa surgió para terminar de definirse por completo. Se trataba de un anciano de mirada serena que se encontraba de pie sobre un bote. A Nigel le llamó la atención que aquel hombre necesitara de una barca para trasladarse por un lago en el que se podía caminar, y que la embarcación se desplazara, aparentemente sin que nada la impulsara.

El anciano —que parecía tener su cabellera, rostro y la larga toga que vestía cubiertos de ceniza gris— se detuvo a escasos pasos de Nigel para hablarle.

—Has de saber que depende solamente de ti el camino que tomes ahora, y que la decisión de dar el primer paso puede requerir mucho valor.

Nigel se limitó a escuchar atentamente lo que el hombre de fantasmagórica estampa le decía, al tiempo que intentaba recordar de donde lo conocía, pues su rostro le resultaba familiar.

—¿Deseas permanecer aquí o prefieres volver a la existencia de donde has venido?

No era una pregunta sencilla. Permanecer allí era más que tentador: a pesar de que recién había comenzado a experimentar las posibilidades que aquel lugar le brindaba, ya estaba convencido de que allí las sensaciones de bienestar parecían no tener límite. ¿Por qué habría de volver? Regresar no parecía una sabia decisión. Algo le decía que, de regresar, de alguna forma estaría involucionando.

Mientras tanto, el anciano lo observaba paciente, sin decir palabra. Nigel se dio cuenta de que trataba de mantenerse imparcial frente a la decisión que él debería tomar; por ello no le pidió consejo acerca del camino a seguir.

—No quiero apresurarte, pero debes decidir antes de que aquel sol se oculte —dijo el fantasma, al tiempo que señalaba hacia el sol de color rosa pálido que iluminaba tímidamente el lugar.

A Nigel le llamó la atención que se refiriera al sol como "aquel sol", y por ello comenzó a observar con detenimiento los efectos de luz que se producían.

Bajó su mirada desde el sol hacia el agua y observó los destellos de luz que se producían sobre la superficie. Continuó acercando la mirada hacia sus pies y notó que su propia sombra se producía en dirección al sol. En lugar de estar dirigida en dirección opuesta de la fuente de luz, se dirigía hacia ella.

De inmediato buscó la sombra del anciano para compararla con la suya y, para aumentar su asombro, se dio cuenta que aquel hombre no producía sombra. Supuso que la sombra del anciano estaba tapada por el cuerpo de este, así que dio un paso hacia atrás para poder apreciarla. Pero fue en vano, pues la sombra no estaba allí. Volvió a dar otro paso, y otro, y otro. Finalmente giró en torno al bote regresando al lugar donde había comenzado para concluir definitivamente que el viejo carecía de sombra, lo que reafirmaba la idea de que se trataba de una aparición.

Al volver la mirada hacia el anciano, pudo notar que a sus espaldas, en el horizonte, otro sol estaba comenzando a elevarse. Este era de color naranja y la intensidad de su luz, mucho mayor que la del otro astro.

Nigel sacudió levemente su cabeza e inspiró profundo para dejar de distraerse con aquel peculiar entorno: tenía que enfocarse en la decisión que el hombre sin sombra le estaba solicitando que tomara.

La pregunta era si deseaba volver o permanecer allí. Pero ¿volver a dónde?

Una enorme laguna mental se le había presentado a Nigel. Parecía no recordar cómo había llegado hasta allí. Cerró sus ojos y se concentró para hacer memoria.

Los recuerdos difusos de algunos episodios de su vida y los objetivos que se había propuesto en los últimos tiempos, volvieron a su mente.

Tras algunos instantes de revisar rápidamente el camino que había recorrido, notó que aún tenía mucho por hacer pues varios temas estaban pendientes. No pudo entrar en los detalles de todo lo que había quedado atrás; a cada segundo que pasaba, sus recuerdos de la existencia terrena se hacían cada vez más vagos. Esto lo llevó a darse cuenta de que allí el tiempo transcurría de otra forma y que la decisión tenía que tomarla de inmediato, antes de perder por completo el conocimiento de su pasado.

—Tarde o temprano volveré aquí —le dijo al anciano, y prosiguió—: Vamos, muéstrame el camino de regreso.

El anciano sonrió, pues era de su agrado la rápida decisión que Nigel había tomado y, sin perder tiempo, se acercó a él.

Tomó una profunda bocanada de aire y sopló con fuerza sobre el rostro de Nigel, provocando que cerrara los ojos. Al volver a abrirlos, la sensación de armonía había sido sustituida por un profundo malestar estomacal, mareos y un fuerte dolor de cabeza.

Las imágenes borrosas e indescifrables del entorno permanecieron allí hasta que poco a poco comenzaron a cobrar nitidez.

Nigel se encontraba tendido en el suelo, boca arriba. Lo primero que pudo apreciar fueron algunas pequeñas nubes que surcaban el inmaculado cielo celeste que cubría a Nirmanakshetra. Al dirigir su mirada a un plano más cercano, pudo distinguir varios rostros en torno a él que le miraban con expectativa. Entre ellos estaba el de Simon que, al notar que volvía en sí, prontamente se dirigió a él.

—Nigel, mantente acostado, en calma, respirando profunda y pausadamente.

Varios minutos más tarde, Nigel se sintió mejor y pudo incorporarse con la ayuda de quienes se encontraban a su alrededor.

Permaneció sentado. Continuó respirando profundamente durante un buen rato mientras bebía un té que habían preparado especialmente para que se recuperara. Sin duda, a pesar de que su sabor no era agradable, la infusión que allí le brindaron producía un efecto muy distinto al último té que había ingerido.

—¿Qué fue lo que me sucedió? —le preguntó a Simon, quien se mantenía atento a la evolución del estado de Nigel.

—Tuviste un encuentro con la guardiana.

—Sí, aquella mujer... Es cierto, fue ella quien intentó envenenarme con esa porquería que me dio a tomar —dijo mientras apoyaba su mano sobre su frente tratando de recordar.

—No lo intentó, realmente logró envenenarte. Estuviste muerto por algunos minutos.

Nigel miró a Simon con rostro de asombro y, tras una pausa, le preguntó:

—¿Realmente estuve muerto? ¿Quién era esa mujer y por qué me envenenó?

—Sí, realmente estuviste muerto.

"Esa mujer tiene miles de nombres, pero aquí la llamamos simplemente *la guardiana*. En este lugar, ella puede presentarse bajo cualquier forma física, mujer, hombre o animal. Y también puede realizar su tarea en forma directa, sin recurrir a intermediarios.

"A pesar de que en este momento te parezca una experiencia desagradable, has de tener presente que tuviste el privilegio de ver, dialogar y compartir una taza de té con la mismísima muerte.

Absorto, Nigel se quedó repasando mentalmente las experiencias que había vivido y su extraño encuentro con la guardiana.

Simon prosiguió:

—Era importante y necesario que vivieras en carne propia la experiencia de muerte y lo que sucede luego, aunque es claro que no viviste todas las etapas. De haberlo hecho, no hubieras logrado volver a esta existencia.

Nigel dedicó el resto del día y los subsiguientes a meditar acerca del significado de la vida y la muerte, lo que la guardiana le había relatado, y la experiencia de morir que había tenido. A partir de allí, la muerte tomaría un nuevo significado para él.

El Iluminado

Para ver un mundo en un grano de arena y un cielo en una flor silvestre, sostén el infinito en la palma de tu mano y la eternidad en una hora.

William Blake (1757—1827), poeta y artista británico.

Muchos días transcurrieron y, durante ese tiempo, Nigel continuó profundizando en las enseñanzas. Retomó conceptos que había aprendido con Markus y los expandió. También adquirió nuevos conocimientos sobre infinidad de temas.

Aprendió Shiksha, la ciencia de la pronunciación y articulación de los mantras. Necesaria para que el milenario poder de las palabras sagradas sea adecuadamente liberado. A través de los ejercicios de esta práctica, Nigel, sin notarlo, fue cambiando su forma de hablar, haciéndola cada vez más pausada, y su tono de voz se volvió mucho más grave, más profundo.

Con Simon profundizó sus conocimientos de Kalpa, la ciencia de los rituales y ceremonias.

Aprendió, con los escribas de la biblioteca de Nirmanakshetra, Viakarana y Chandas, el estudio del sánscrito, para lograr plena comprensión de los textos. También con estos maestros logró gran dominio de Niruktha, el análisis etimológico de las palabras en las escrituras sagradas.

A pesar de su origen escéptico, se convirtió en un excelente practicante del arte de Jyotisha, cuyo objeto es el estudio de la astrología.

Algunas de las disciplinas que aprendió a dominar le permitieron desarrollar aptitudes físicas que facilitan realizar profundas prácticas espirituales, entre ellas, la de visitar los reinos de existencia.

Cierto día, Simon se acercó a Nigel para conversar.

—Nigel, has desarrollado ampliamente tu potencial y has alcanzado el nivel suficiente para practicar la iniciación. Quiero que el resto del día lo dediques a meditar y descansar, ya que pronto realizaremos la ceremonia aprovechando que está muy próxima la luna llena de mayo.

—Muy bien, maestro —le respondió, y tras saludarlo se dirigió al jardín principal del monasterio para meditar.

Nigel sabía que Simon, al mencionar la luna llena de mayo, se estaba refiriendo al Wesak. Es un momento en el año donde existe un flujo de energía especial hacia la tierra, el cual propicia la realización de prácticas espirituales. También en esas fechas, próximas a la luna llena de mayo, se festeja el nacimiento, muerte e iluminación de Buda.

Durante el resto del día, Nigel repasó los hechos que lo habían llevado hasta allí. Estaba profundamente agradecido por haber tenido la posibilidad de desarrollar el potencial que meses antes hubiera sido incapaz de imaginar siquiera.

El sol comenzaba a ocultarse y Nigel se sintió muy cansado, por lo que decidió retirarse a su dormitorio. Antes de acostarse, realizó un trabajo místico para despedir el día; tras ello, concilió el sueño fácilmente.

Un armonioso sonido, similar al que producían los monjes del lugar al hacer vibrar sus cuencos, hizo que Nigel se despertara. Al abrir los ojos, se dio cuenta de que nuevamente estaba en la habitación donde había conocido los reinos de existencia y se había practicado lo que los maestros del lugar llamaban "la ceremonia de apertura de las siete puertas".

La atmósfera del lugar estaba perfumada por un sutil aroma de maderas y flores, e iluminada por un incontable número de pequeños cirios que daban una extraordinaria luminosidad al lugar.

El sonido que lo había despertado siguió aumentando su ritmo y frecuencia. La forma en que esto sucedía le hizo sentir a Nigel que todo su cuerpo resonaba con aquella mágica consonancia.

Luego de estabilizado el nivel de vibración entre el sonido y Nigel, volvió a abrirse la puerta por donde ingresaron los maestros de ceremonia, esta vez vistiendo togas de un blanco límpido. Aquellos seres tenían un aspecto distinto: se parecían mucho a los habitantes del reino de los dioses, pero en este caso Nigel no percibió imperfección alguna.

En el último lugar ingresó Simon; otra vez, a diferencia de los demás, era el único que no llevaba puesta su capucha. Él también estaba transfigurado, y su cabeza parecía irradiar una potente luz blanca que inundaba el lugar.

Los sacerdotes tomaron su posición y Simon se dirigió a su discípulo:

—Nigel, ¿podemos comenzar?

—Sí, maestro —respondió asintiendo con la cabeza.

—Entonces ¡que comience la iniciación! —exclamó Simon al tiempo que alzó sus manos con las palmas hacia el cielo. Los demás participantes lo siguieron alzando también sus manos.

Simon dirigía la ceremonia y era asistido por los maestros que lo acompañaban. En determinado momento le solicitaron a Nigel que repitiera un mantra.

Nigel, que ya se encontraba en un elevado estado de conciencia, siguió las instrucciones. Comenzó a sentir cómo su cuerpo parecía volverse más y más liviano; sentía como si sus partículas vibraran cada vez más rápido, tanto, que llegó a sentir que todo su ser estaba compuesto únicamente de luz.

Y continuó recitando en resonancia con la sutil vibración que solo los seres que allí se encontraban podían percibir. Y así, continuó elevándose hacia un estado de conciencia superior.

Y se sintió uno con los seres que se encontraban con él en ese instante. Y así, continuó elevándose.

Y se sintió uno con el viento que soplaba fuera del monasterio.

Y se sintió uno con la luna y las estrellas que brillaban en el firmamento.

Y se sintió uno con los seres de todos los reinos que había visitado, percibiendo en carne propia el sufrimiento de todos ellos. Sufrimiento que experimentó como miles de heridas en su cuerpo, haciendo que cayera al suelo de rodillas, con el rostro desfigurado por el indescriptible dolor que lo asaltó de pronto.

Y gracias a la gran fuerza de voluntad que lo impulsaba, pudo ponerse en pie nuevamente y sobreponerse al increíble sufrimiento que se había apoderado de él.

Y lentamente, tras el dolor, el velo de la ilusión comenzó a desvanecerse, llevándose consigo la bruma del tiempo y el espacio.

Y fue testigo, a través de claras imágenes, de las muchas vidas que él había vivido, comprobando cabalmente el continuo de la existencia luego de la muerte.

Y entre tantas vidas, pudo verse a sí mismo como Joseph, el sanador que ardió en la hoguera por amor.

Y al verse allí, sintió cómo el dolor del odio que lo consumió en aquella vida era arrojado desde el centro de su pecho, liberando un potente alarido que había quedado aprisionado por siglos.

Y comprendió que el mismo fuego que consumió su cuerpo también había lacerado su alma, produciendo una herida que lo había acompañado hasta allí, aún abierta, y originando aquellos sentimientos negativos que le habían vedado el acceso a Nirmanakshetra.

Y su alma, ahora libre de toda atadura, brilló con la intensidad de mil soles.

Y aquel brillo iluminó el pasado y le permitió ver más allá, hasta las encarnaciones de aquellos que lo acompañaron en sus muchas vidas.

Y buscó a sus compañeros de siempre en ese largo camino de innumerables nacimientos.

Y un profundo e inexplicable sentimiento lo invadió al recordar a su querido maestro Eckhart, que también había experimentado muchas vidas, sin duda muchas más que él.

Y la alegría del reencuentro inundó su corazón al percibir que su querido maestro de la antigüedad había encarnado en el hombre que ahora se encontraba a su lado, Simon.

Y continuó expandiendo su conciencia, tanto, que comprendió, comprendió que la fuerza de infinito poder que todo lo mueve es el amor.

Y allí, en ese preciso instante, pudo percibir, ahora en su total dimensión, el inconmensurable poder del sonido primordial que resonó estremeciendo todo su ser.

Y de pronto, el sonido cesó. Nigel encontró que había traspasado una frontera hacia el vacío absoluto. Por un momento lo conmocionó haber alcanzado la nada, pues esta parecía tener la intención de devorarlo. A pesar de ello, se mantuvo calmo y se atrevió a continuar en la misma dirección, expandiendo aún más su conciencia, pues un sentimiento en lo más profundo de su ser le indicaba que la vacuidad absoluta intentaba ocultar algo.

Y tras escapar de la nada, durante un eterno instante fue Uno. Fue uno con Aquel. Aquel que está más allá de todos los reinos, de todos los universos, y que al mismo tiempo todos los reinos y todos los universos son Él. Aquel, que nunca ha sido y siempre Será.

Nigel abrió lentamente sus ojos y se encontró acostado en la cama de su dormitorio. No fueron muchos los minutos que habían transcurrido desde el momento en que se durmiera. Sin embargo, él sabía. Sabía con absoluta certeza que aquella experiencia no había sido un sueño.

Salió de la habitación; frente a la puerta estaba esperándolo su maestro de siempre, Simon, quién se dirigió a él.

—Nigel, finalmente has completado el proceso que habías comenzado en tu vida como Joseph. Te has liberado de aquella herida que generaba desconfianza y limitaba tu crecimiento. Ahora eres un Maestro de Compasión. El guía que iluminará el camino de aquellos que necesiten de tu luz.

"Podrás brindar tu ayuda y amor incondicional a los seres que residen en los reinos que has conocido. Pero tu principal cometido, si así lo deseas, será guiar a los moribundos, a fin de facilitarles el viaje de transición hacia una auspiciosa nueva vida.

Nigel cerró los ojos, bajó levemente su cabeza, juntó las palmas de sus manos colocándolas en el centro de su pecho y, sin que sonara palabra alguna, le dijo: "Gracias, maestro, te prometo que seré un faro en el vasto océano del sufrimiento."

Simon, con bondadosa sonrisa y su inconmensurable mirada, expresó: "Tengo absoluta certeza de que así será."

Durante los días que transcurrieron luego de que Nigel alcanzara la maestría, pudieron rememorar junto con Simon los recuerdos de otras vidas y planificar la forma en que continuarían con su labor.

La partida había quedado acordada para el momento en que el clima fuera adecuado para emprender el viaje de regreso. No demoró mucho en llegar ese día.

Simon acompañó hasta la puerta del monasterio a Nigel, quien se despidió de su maestro con un afectuoso abrazo y palabras de agradecimiento.

Nigel cruzó las puertas al encuentro del viento frío, acompañado del mismo guía que lo había llevado hasta allí y quien resultó ser uno de los monjes más sabios del monasterio. Su principal tarea era la de guiar tanto en la tierra como en los planos más sutiles. Nigel tomó conocimiento de esto luego de su encuentro con la muerte: tiempo después supo que fue ese anciano quien lo trajo de regreso desde aquel lugar donde hay dos soles y es posible caminar sobre las aguas.

Luego de haber recorrido algunos cientos de metros, Nigel giró para ver por última vez la magnífica edificación de Nirmanakshetra; en su lugar, solo había una fría tundra cubierta de rocas azotadas por eternos vientos. Al ver esto sonrió por su ilusa actitud, pues debió suponer que eso sucedería. Así que, sin más, continuó su camino cuesta abajo.

EPÍLOGO

Cuando desperté, lentamente observé el entorno donde me encontraba. Me costó varios minutos darme cuenta de que me hallaba en la sala de un hospital.

Hacia mi izquierda estaba una ventana, cuyos parasoles horizontales dejaban pasar un suave resplandor que iluminaba la habitación.

En el otro extremo, a mi lado, se encontraba mi esposa sentada en un sillón reclinable, dormitando con un libro abierto sobre su regazo.

Traté de incorporarme pero me di cuenta de que estaba débil, y un agudo dolor de cabeza me convenció inmediatamente de mantenerme inmóvil.

Con el ruido que produje al moverme en la cama, mi esposa se despertó y se puso prontamente de pie, cerca de mí, para preguntarme cómo me sentía.

Le contesté que estaba bien, pero lo que quería en realidad era preguntarle qué había sucedido y por qué me encontraba allí.

No demoró en darse cuenta que yo no recordaba la causa por la que me habían internado.

Me dijo que había sufrido un accidente; había sido atropellado por un automóvil al cruzar la calle sin prestar la debida atención.

De pronto los recuerdos comenzaron a aflorar. Recordé que habíamos viajado a Bélgica a visitar a unos amigos y aprovechamos la oportunidad para visitar algunos puntos de Europa. Pude recordar que París era uno de los primeros lugares que visitaríamos, y le pregunté a mi compañera si allí nos encontrábamos.

Me respondió que sí. Desde hacía casi dos semanas. De las cuales yo había pasado nueve días en coma, en grave estado.

Dijo que era un milagro que me hubiera salvado; la mayoría de los médicos daban pocas esperanzas debido a la gran lesión que había recibido en mi cabeza. Excepto uno de ellos, que se encargó personalmente de seguir mi caso.

Grande fue mi sorpresa cuando me dijo que el médico que se había encargado de tratarme era el propio Nigel Quiró.

Al escuchar su nombre, súbitamente comenzaron a fluir imágenes muy claras en mi mente. Recordé entonces que el doctor Quiró me había dicho que no era suficiente que narrara su historia para que yo creyera en ella.

No podía explicarme cómo, pero ¿sería posible que esos días en los que estuve en coma fuera testigo, de alguna manera, de los sucesos que Nigel había vivido? ¿O acaso había sido todo producto de mi imaginación y del gran golpe que había sufrido? Era evidente que mi subconsciente había mezclado realidad con fantasía.

Momentos más tarde mi doctor ingresó a la sala a visitarme. Al verlo, me sobresalté un poco. Ahora para mí se trataba de una persona mucho más especial de lo que era cuando lo conocí. Él se acercó lentamente hacia mí, tendiéndome la mano para saludarme.

Dialogamos por unos instantes acerca de cómo me sentía, y me dijo que descansara para que pudiera reponerme pronto, tras lo cual se retiró dejándome un poco más descolocado de lo que me encontraba hasta el momento.

Una semana más tarde me encontraba mucho mejor, con suficientes fuerzas como para escribir en mi libreta de notas los pasajes más importantes de la historia que había soñado, o quizás imaginado.

Poco después me dieron el alta, cuando ya tenía casi finalizada la primera versión del escrito. Antes de abandonar el hospital me reuní con el doctor Quiró, en su consultorio del hospital, para agradecerle todo lo que había hecho por mí; principalmente, para que me explicara cómo era posible que recordara con tantos detalles aquel sueño tan intrincado. Tenía el deseo de que mi médico me dijera que, como secuela del accidente, de allí en más tendría sueños tan ricos en imagen y contenido como ese. Aunque dudaba de que esto fuera posible y ya daba casi por descontado, no sin cierto pesar, que la experiencia se había debido al estado de coma en el que había permanecido.

Grande fue mi sorpresa cuando el doctor Quiró me respondió:

—Paulo, no es necesario viajar a Nirmanakshetra para ser testigo de realidades poco evidentes.

Nada pude contestarle y obviamente mi gesto de estupor hizo que, con una sonrisa, él aventurara una explicación.

—En su momento te dije que no hubieras podido escribir acerca de mi historia si te la contaba porque simplemente no la hubieras creído. Aproveché la oportunidad de que estuvieras en coma —de por sí estabas experimentando un especial estado de conciencia— para convertirte en testigo de los sucesos que me han traído hasta aquí. Las imágenes que presenciaste son mucho más ricas y convincentes que cualquier narración que hubiera podido hacer.

Tras tomarme breves momentos para lograr asimilar lo que me estaba diciendo, opté por dejar para otro momento tratar de entender cómo había sido posible todo aquello: probablemente ni siquiera hubiera podido expresarlo de forma accesible para mí en ese momento. Preferí entonces preguntarle sobre su situación actual y la de los seres que conocí en aquella experiencia que viví mientras me encontraba en estado grave.

Esa información me llegó de la misma forma que el primer contacto, a través de su voz. Creo que esa es la mejor forma de cerrar esta historia, transcribiendo las palabras del Maestro de Compasión:

Como ves, hoy en día continúo ejerciendo la profesión de médico, la que practico de una manera totalmente distinta, aunque trato de que ese diferencial pase desapercibido. A pesar de esto, y por la naturaleza de las cosas, muchos de mis pacientes mueren, en particular porque dedico gran parte de mi tiempo a la atención de pacientes terminales.

Ahora logro que, cuando la muerte llega al encuentro de mis pacientes, los halle en absoluta paz y armonía. Incluso en algunos casos, cuando resulta para ellos conveniente, cuentan con mi asistencia en las etapas posteriores, para que así alcancen su nueva vida de la mejor manera posible.

Aunque parezca extraño, el hecho de que muchos de mis pacientes mueran ha permitido que ya no cuente con la envidia de mis colegas, pues, para ellos, la muerte es un indicador de fracaso en el desempeño de nuestra labor.

El significado del sufrimiento propio que Markus me enseñó adquirió una nueva dimensión en Nirmanakshetra. Ahora sé que el dolor que percibimos a nuestro alrededor es el combustible para el despertar de la compasión en cada uno de nosotros. Solo es necesario encender esa luz que se encuentra en nuestro interior para desarrollar una de las formas de amor incondicional más elevadas. Esto nos permite compartir el padecimiento de los demás; no desde la lástima, sino de la empatía. No es tan solo compadecerse, sino imaginarse, sentir, experimentar que se está en el lugar del que padece, para lograr que aflore ese maravilloso sentimiento, y brindar nuestra ayuda de la forma más efectiva posible. Gracias a esa llama que arde en mi interior, desempeño otras actividades que van más allá de mi profesión.

Como sabes, parte de mi tiempo lo dedico a dar conferencias sobre el tratamiento de los pacientes terminales y he escrito algunos libros y artículos sobre el tema.

Junto a Elvira, la viuda de don Ángel, hemos fundado una organización que se dedica a dar apoyo a familiares de pacientes desahuciados y fallecidos, y donde damos seminarios acerca de la vida después de la muerte, para que ellos comprendan lo que he atestiguado: que la muerte no es el final de nuestra historia, sino que es el comienzo de un nuevo capítulo. Y que nuestras almas y las de nuestros allegados terminan reencontrándose, superando las limitaciones del tiempo y el espacio.

Gracias a la oportunidad de coexistir en el reino de la ignorancia, hemos aprovechado la posibilidad de interactuar con los maravillosos seres que allí se manifiestan, y por eso hemos auspiciado la creación de santuarios para animales. En esos lugares brindamos ayuda a los que se encuentran desamparados y enfermos, en particular a aquellos de edad avanzada que muchas veces son abandonados por quienes en algún momento los adoptaron como sus mascotas o compañeros de labor.

También brindamos nuestra ayuda a seres del reino del deseo que están desamparados y muchas veces olvidados o irradiados del resto la sociedad, como los ancianos y los enfermos mentales.

En los viajes que realizo por los demás reinos de existencia, me reencuentro asiduamente con mi querido amigo, don Ángel, quien reside en el dominio de los semidioses. Pasamos buena parte de nuestro tiempo conversando a orillas de aquel hermoso lago que visité por primera vez en sueños.

A excepción de la cruz que ahora llevo en mi cuello, oculta entre mis ropas y que hace mucho tiempo me fuera injustamente arrebatada, he restado importancia a la posesión de cosas. Ya no poseo aquella pomposa mansión. Ahora vivo en una casa sencilla, en un lugar que me permite estar en estrecho contacto con la naturaleza. Allí, inspirado por el entorno, logro desarrollar con total libertad mi potencial artístico, pintando los cuadros que en esta vida yo mismo no me permitía realizar. De esa forma, mantengo viva mi pasión por el arte que nació en tiempos antiguos.

Mi esposa no logró asimilar los cambios en mi filosofía de vida y en mi forma de actuar, y finalmente decidió que era mejor tomar distancia. A pesar de ello, mantenemos una gran amistad.

Mi primer maestro en esta vida, Markus, continúa viviendo como asceta y de vez en cuando es visitado por —como a mí me gusta llamarles— buscadores de respuestas. También yo lo visito a menudo, y juntos realizamos profundos trabajos devocionales, con el fin de encender la chispa en el corazón de todos los seres. Aquella misma chispa que me impulsó a transformarme en lo que ahora soy.

Nuestro gran maestro, Simon, continúa ejerciendo su labor en el más profundo anonimato. Me encuentro con él en los planos más sutiles y también personalmente, en este mismo hospital, donde lo conocí como acompañante de enfermos. Con él intercambiamos opiniones acerca del fascinante trabajo que llevamos adelante. Trabajo que apenas acaba de comenzar.

OM MANI PADME HUM

(MANTRA DE LA COMPASIÓN)

Este es el mantra que se encuentra tallado en una enorme roca de forma cilíndrica, en el centro del jardín principal de Nirmanakshetra.

PUEDAN TODOS LOS SERES SER FELICES

Made in the USA
Middletown, DE
25 January 2016